처음부터
끝까지
고백

(처음부터)

끝
까
지
고백

글·사진 주또 (이주영)

행복하냐는 물음에
응, 그렇다는 대답이 돌아와 다행이었어요.
내가 이 지구상에 태어난 이유가
'오직 당신 하나만을 위한 것'이라고 해도
억울할 거 전혀 없었지요.

작가의 말

　내 사랑이 드라마틱 하다고 여겼던 날들이 있어요. 다만 그것이 나의 망상에서 비롯된 환상에 불과했음을, 서른을 코앞에 두고서야 깨달아버렸죠. 결혼할 줄 알았던 상대와는 안부조차 물을 수 없는 사이가 되어버렸고요. 운명이라 설레발쳤던 인연과는 생판 남보다도 관심이 없는 존재가 되어버렸어요. 사랑은 왜 변하는 걸까요? 그토록 영원할 듯이 열렬했는데도 식어버릴까요? 한차례 사랑이 끝날 적에는 종잡을 수 없는 마음에게 진저리가 나곤 했어요.

　분명 전부를 주고 싶었거든요. 아낌없이 다정하고

싶었거든요. "너랑 결혼하고 싶다는 생각을 종종 하곤 해, 네가 가족을 살뜰히 챙기는 모습을 볼 때면 나도 너의 가족이 되었을 경우 그러한 애정을 받을 수 있지 않을까 싶어서" 심심찮게 들었는데요. 그럼에도 우리가 이별한 데엔 이유가 있을 테지요.

사랑 덕분에 글을 참 쉽게 썼어요. 과연 내 사랑은 언제까지 반대로 쓰이려나, 골몰하며 부지런히 적어 내렸어요. 그중 짝사랑에 관련된 글을 좋아해 주시는 분들이 꽤 많더라고요. 세상엔 고백할 수 없는 사랑이 수두룩한 모양이에요. 이처럼 말이 되거나 문장이 되지 못한 사랑이 얼마나 유해한가, 가늠이 가는 주간엔 흐릿해진 눈가를 연신 비비고야 맙니다.

사랑이 마무리되어도 사랑은 계속되겠죠. 한여름에 땀방울을 흘리며 뛰어가고프도록 만드는 이는, 어느 날 느닷없이 내 앞에 등장할 테지요. 암만 상처 입고 의심을 더해가는 나이가 온다고 한들 순진무구한 사랑을 할 수 있기를 바라요.

나 역시 티 없이 천진할 수 있게 해주는 당신에게, 고맙습니다. 힘들고 지치는 순간이 있다고 해도 당신을 사랑하는 내가 좋아요.

차례

프롤로그 06

1부 사랑은 원래 흔하지 않았다만, 당신은 유독 더 특별했어요

겨울이 오면 슬픈 기분이 들 것 같단 19
생각을 하던 참이었어요

기다리던 눈이 내리고 23
사랑은 이때부터였으려나요

해가 짧아졌고 당신은 오래 보고 싶어요 25

온종일 전화를 기다리고 있어요 28

유연한 당신과는 달리 난 서툰 고백을 해요 31

내가 하는 말은 처음부터 끝까지 고백이에요 34

짧게 말하자면 당신을 앓아요 38

우리 사랑하지 않기로 해요 41

농담으로 하는 얘기는 아니에요 43

기꺼이 꿈에 나와주는 일, 그럴 리 만무하죠 45

| 이게 사랑이 아니면 대체 무엇이겠어요 | 47 |

| 당신이 나를 빤히 바라볼 적에는
좋아한다고 말하고 싶어져요 | 50 |

| 누군가를 이렇게도 좋아할 수 있구나, 하는 마음 | 56 |

| 마음을 주체할 수 없는 날이면 도망치고 싶어져요 | 59 |

| 당신을 사랑하게 된 것은 필연적이에요 | 62 |

| 잘 자요, 사랑한다는 고백이에요 | 66 |

| 오늘은 짝사랑 중인 강아지 얘기를 해볼까요 | 68 |

| 날 아프게 하지 않는 사람들이랑만 살고 싶다 | 71 |

| 나는 저 인간 앞에서는 뭐든 지고 싶겠구나 | 76 |

| 쓸쓸히 당신, 메리 크리스마스 | 78 |

| 하필이면 사랑으로 마주쳤을까요 | 81 |

| 남들 다 하는 사랑, 당신이랑 하고 싶어요 | 84 |

| 사랑할 결심을 하게 해요 | 87 |

| 올해의 마지막 날, 사랑을 말해요 | 90 |

2부 넘치는 불행의 반복 속에서 당신은 유일한 행복이 돼요

당신이 나를 좋아하지 않는 날이 오면 어떡하죠	97
당신을 지킬 수 있는 멋진 사람이 될게요	99
나의 행복은 오롯이 당신	101
온 마음을 전부 사용하여 빼곡히 사랑해요	103
당신이 꿈이라면 깨어나고 싶지 않아요	105
조금은 이른 고백일까요	109
유일한 진심	114
난 언제나 당신 곁에 영원한 사랑으로 남을래요	117
설명하자면, 복숭아 같은 사람이에요	120
뭐든 경계하기 바쁜 내게, 당신은 안식처랍니다	122
단언컨대 당신이랑 늙어가는 일은 재미나겠군요	124
사랑이 아닌 것이 단 한 가지도 없어서	127
반드시 우리는 우리였답니다	132
그해 여름날은 여전히 이어지고 있어요	134
너무 좋아해서 도망치고 싶어져요	137

내 사랑이 당신에게 자랑이 되기를 바라요	141
당신에게 잘 보이고 싶은 마음에 노력을 하게 돼요	145
어쩌면 우리는 서로가 슬퍼서 끌린 걸까요	149
어떠한 감정 상태에서든 다정을 약속할게요	156
내 사랑엔 거짓이 없으니 걱정하지 않아도 돼요	159
내 손을 잡고 이 현실로부터 도망가주세요	162
다툼이 무색할 정도로 하루에 열두 번은 더 사랑하고	166
하나뿐인 나무가 될 테니 쉬다 가세요	169
우리의 사랑은 단편집으로 끝나지 않을 거예요	172

3부 우리가 정말 이대로 남이 되어도 될지, 질문을 던져요

아프지 마요, 더는 챙겨줄 나도 없잖아요	179
사랑이 지나간 후에 맞이한 주말	182
당신은 벌써 내가 모르는 얼굴이 되어버렸을 것 같아요	185
어떻게 헤어지냐고 하던 우리가, 어떻게 또 헤어졌네요	189
그토록 좋아하던 당신이었는데 왜 이별했을까요	192
만일 내가 아플 경우 병문안 와주려나요	198
연락을 하지 않아도 보고 싶어, 하고 있어요	201
사랑이 서로에게 벌이었을까, 겁나요	204
우리가 진짜 결혼할 줄 알았던 시간들, 있잖아요	207
실수인 척, 전화를 걸면 안 되는 거겠죠?	210
난 여태 느리게 헤어지는 중이에요	216
우리가 이렇게 될 것을 미리 알았을까요?	218
진짜 잘 헤어졌어요, 그렇죠?	221
결국엔 만나게 될 운명이라면 좋겠어요	224
눈 감으면 다시 옆에 와 앉을 것 같아요	226

슬퍼할 당신을 걱정하다가 이별을 미뤘어요	232
원래 남이었으니, 제자리로 돌아간 것뿐이죠	234
진심으로 투명하게 좋아했는데	237
사랑은 원래 지질한 거 아닌가요	241
우연히 우리 농담처럼 마주치도록 해요	244

1장

카페 룸펜 @ lumpencoffee_

겨울이 오면 슬픈 기분이 들 것 같단 생각을 하던 참이었어요

》》》

《《《

눈이 오면 슬퍼질 것 같다. 그래서 사람들에겐 일부러 즐거울 거란 듯이 얘기하고 다닌다. 눈사람도 만들고 호떡도 먹고 붕어빵도 먹으며 신나는 겨울을 보낼 거라고. 어린아이처럼 들뜬 표정을 지으며 그런 말을 내뱉었지만, 사실 속내로는 정작 겨울이 오게 될 시 내가 얼마나 슬퍼하리란 걸 짐작하고 있다. 아마 얼어붙은 세상 마냥, 앙상해진 나뭇가지 마냥, 비틀어지고 서러워지리란 것을 누구보다도 스스로가 아주 잘 알고 있다.

때문에 난 나에게 최면을 걸듯 계속해서 되뇐다. 빨리 눈이 내렸으면 좋겠다고. 아주 재미있을 거라고. 크리스마스도 마찬가지라고. 매일 헤실거리는 웃음 뒤로 슬픔의 웅덩이를 서둘러 감추고 멀쩡한 사람인 척하기 위해 갖은 노력을 하고 있다.

며칠 전엔 나를 등졌던 이에게서 연락이 왔다. 그때 미안했다는 내용이었다. 넌 좋은 사람이었는데 혹여나 자책했더라면 그러지 말라고. 자신이 잘못이었다고. 정말이지 미안하다 했다. 메시지를 보는 순간, 지난날 힘들었던 과거의 기억들이 떠오름과 동시에 눈물이 불쑥 차올랐다. 그러나 별다른 말을 하지 않았다. 괜찮다는 말만 조용히 남겼다. 지금은 한 줌의 재가 되어버렸지만, 우리한테 좋았던 날들이 있었던 까닭이었다. 남들은 뭐라 한마디 할 수도 있거나 답장을 하지 않을 수도 있던 거 아니냐 한다만, 난 덧붙여 지금 그 사람이 힘들다면 그 일들이 해결되길 바란다고까지 했다. 진심이었다.

되돌아보니 나를 떠난 사람들은 다시금 내게로 돌아왔다. 또다시 같은 상황이 벌어진 걸까. 한편으로는 내가 좋아했던 인물에게 나쁜 기억으로 남진 않겠구나, 안도하기도 했다.

근래는 떠나거나 떠나보내는 사람이 없다. 다들 아낌없는 사랑을 준다. 부족함 없이 넘치도록 나를 아껴주는 이들 사이에 둘러싸여 있다. 이렇게 과분한 애정을 받아도 되는 건가 싶어진다. 비록 이 와중에도 난 혹여나 이들을 실망시키는 일을 저지르진 않을까 조마조마한다만. 최근 들어 버릇처럼 무척 가까워질 경우 미리 이별을 생각하여 마음이 서걱거린다. 그렇지만 관계에 대해서 너무 깊게 생각하지 말란 조언에 다시금 나를 다잡는다.

어쩌면 그동안 지나간 인연에 연연하지 않게 되었다고 말을 했던 건, 전부 나를 지키기 위한 거짓말이었을지도 모른다.

나는 좋은 사람이 아니다. 부족하고 서툴고 때때로 감정에 이끌려 충동적으로 굴기도 하는 사람이다. 이 부분은 줄곧 인지하며 살았다. 그렇기에 좋은 사람이 되려 부단히 노력하는 중이나 삐끗하는 순간들이 빈번했다. 그럼에도 불구하고 계속해 보려 한다. 좋은 사람들과 어울릴 수 있을 만한 사람이 되기로 한다. 그리고 어디선가 보고 있을 당신도 부디 그러기를 바란다. 감기 조심하기를.

기다리던 눈이 내리고
사랑은 이때부터였으려나요

〉〉〉

〈〈〈

눈이 오기만을 손꼽아 기다렸지만 이런 식으로 한바탕 퍼붓기를 원한 건 아녔기에 난감했다. 온종일 눈보라가 휘몰아쳤다. 옴짝달싹 못했다. 점심으로 사무실 앞에 있는 국밥집을 갈까 했으나, 도저히 저 눈보라를 뚫고 걸어가기엔 역부족이란 판단하에 1층 부대찌개를 택했다. 사람들이 창문에 다닥다닥 붙어 눈을 관람했다. 몇몇은 핸드폰을 들어 사진을 찍었다.

난 눈 내리는 날이면 온 사방에 흩날리는 눈송이

들도 마음에 든다만, 그보다 더한 것은 이렇게 사진 찍는 사람들을 보는 것. 눈사람을 만들고 눈싸움을 하는 사람들을 구경하는 것이다. 눈과 하나 되어 눈을 보고 만지는 사람들은 순수해 보인다. 그 순간만큼은 어린아이가 되는 듯 새하얗게 변한다. 그 찰나들을 조각조각 들여다보기를 설레한다.

또한 발이 푹푹 빠지는 와중에도 함박웃음을 짓고서 저마다 메시지로 조심하란 멘트를 전송한다. 손이 암만 시리다 한들 빼먹지 않는다. 눈이 오는 날은 누군가를 걱정하는 하루이기도 하다. 조심히 가란 말, 이 얼마나 다정함을 품고 있는가. 야근을 하고 돌아오는 길, 집 앞에서 홀로 작은 눈사람을 만들었다.

우리 아쉽게 첫눈은 같이 맞지 못했군요.
올려다본 세상은, 마치 거세게 흔들어진 스노우볼 같았다.

해가 짧아졌고 당신은 오래 보고 싶어요

〉〉〉

〈〈〈

나는 당신처럼 매사 무던하거나 침착할 수 있는 사람이 아니거든요. 좋게 좋게 생각하기에도 하루 사는 게 버거운 터라 쉽사리 예민해지기도 하고요. 지난 과거들로 인해서 우울은 기본 베이스로 깔고 시작하기도 해요. 안 그런척하지만 불안정한 속 사정을 품고서 일상을 보낸답니다.

이런 이유 때문일까요. 당신과 가까워지는 게 무척이나 반가우면서도 무섭고 그래요. 당신이 내가 가진 상처를 한 점이라도 알게 될 시 재빨리 달아날 듯하여서요. 그럼에도 불구하고 내가 당신을 아주 많이 사랑하게 될까 봐, 그러한 조짐이 보이는 동시에 눈을 꽉 감고 말아요.

당신을 오래 보고 싶습니다.
우리 사귀지 않더라도요.

낡고 진부한 고백이다만 나는 당신과 함께 하는 겨울을 꿈꿔요. 당신의 온도만 있다면야 난 결코 춥지도 시리지도 않을 겁니다. 당신은 왜 어디서든 사랑받나요. 여러 사람들에게 즐거움을 선사하나요. 난 최대한 다양한 이들한테 친절하고 다정하기를 자처하는 인간입니다.

한데 요즘엔 조금 다른 점이, 당신을 한정으로 두고 싶어진다는 거예요. 건너오는 눈빛이 설레고 별거 아닌 한마디에 온종일 마음이 부산스럽고.

이래저래 두서없이 횡설수설했네요. 요약하자면

당신 생각과 우리 사이에 놓인 수많은 장애물들로 인해 머리가 아픕니다. 그것이 나를 퍽 서럽게 하네요. 당신과는 낭만적인 걸 함께하지 않아야겠습니다. 이런 걸 다짐이랍시고 해요. 매일. 매일을. 이성과 감성을 두고서 싸웁니다. 잘되지 않을 것 같아요.

온종일 전화를 기다리고 있어요

　전화를 걸어올 때면 내 마음이 저 달보다 더 둥글어져요. 가로등 불빛보다 환하게 켜지고 지나치는 빵집에서 풍겨오는 향보다 달달해져요. 이토록 걸음이 사뿐해질 수가 있나요. 하늘을 날 듯한 기분, 그런 건 다소 과장되고 유치한 표현이겠거니 했는데 이젠 그 말이 얼마나 딱 들어맞는 표현인지 이해가 가요.

　어쩌다 당신을 향해 보낸 마음에, 마침내 답장을 받은 듯한 느낌을 받을 적에는. 한겨울의 추위에도 달달 떨지 않을 것 같고, 한여름의 더위에도 전혀 늘어지지 않을 것 같아요. 마치 적당히 포근하고 적당히 따사로운 오후의 봄날만이 지속될 것 같은 셈이죠.

명랑한 당신의 목소리와 몸짓은 다 쓰러져 가는 나를 일으키고요. 가득 찬 우울을 수챗구멍 마냥 흘려보내도록 해요. 덕분에 나는 한결 발랄해지고 가벼워질 수가 있죠. 새로운 도화지 위에 새롭게 사랑을 배우는 참인듯해요. 지난 사랑은 거짓이라고. 주춤거리긴 해도 결코 멈추진 않을 작정이에요.

당신은 내내 시들지 않는 사랑으로 남아 간지러울 테지요. 강아지풀처럼 살랑거리는 당신이, 지지 않는 꽃처럼 뿌리내린 당신이, 민들레 씨앗처럼 날아갈까 노심초사했던 당신이, 완전히 내게 와 손잡아 주는 날에는 이 길고 긴 꿈에서 깨어나려나요.

단언컨대 버석한 나의 하루에 유일한 반짝임이

세요. 저만치서 걸어오는 당신의 환영이 왜 이리 반가울까요. 당장이고 달려가 안기고 싶어요.

안으면 사라지는 모든 것들로 인해 곧장 쓸쓸해질 테지만요.

그런 것쯤은 개의치 않아요.

유연한 당신과는 달리
난 서툰 고백을 해요

　　　　　　　　》》》

　　　《《《

당신을 아주 오래 좋아할 것 같은 기분이 들어요. 굳이 기억하려 하지 않아도 오래도록 기억되는 사람 있잖아요. 그런 사람이 될 것 같은 기분이요. 코끝을 맴도는 당신의 향기와 당신과 나눈 몇 마디 대화가 나의 전부가 되어 일상을 어지럽혀요. 당신한테 허심탄회하게 털어놓고서 이만 이 고민을 끝내고 싶은데, 그러기엔 우리 사이가 이후 온전할 리 없어 수만 번 치솟는 고백을 삼키고 또 삼켜봅니다.

당신은 여태 마주한 평범한 인물들과는 달라요.

나를 즐겁게 하고 진심으로 웃게 만듭니다. 오죽하면 당신이랑 있는 모든 시간이 느리게 흘러갔으면 할 정도예요. 당신은 특별해요. 한동안 잃어버렸던 낭만을 다시금 꿈꾸게 하고 그것을 현실화시켜 줄 것인 양 굴어요. 정말이지 그게 얼마나 위험한 짓인지를 모르고 말이에요. 이토록 사사로운 감정에 휘둘릴 때는 한참 지난듯하나, 나이에 맞지 않게 난리네요.

올해도 다 갔어요. 날이 추워요. 그리고 자꾸만 흔들리는 마음을 다잡기가 무척이나 어렵습니다. 찬바람 따라 거세게 뒤집혀요. 매일 다짐하기로는. 그래, 앞으로는. 진짜 앞으론 어림없다는 듯이 대해야지, 하면서도 곧장 툭 건드린 젠가 마냥 와르르 무너져버려요. 당신을 이쯤에서 더 좋아하게 될까 무섭고. 사랑이라 부르게 되려나, 주저하게 되는 새벽입니다.

잘 자고. 우리 어서 꿈에서나마 만나기를.
나의 행복을 바라는 당신의 행복을 바랍니다.

내가 하는 말은 처음부터 끝까지 고백이에요

 사랑의 기준이 뭐냐는 물음에 지체 없이 대답했어요. 무엇을 줘도 아깝지가 않고 뭐라도 하나 더 사주고 싶어 안달이라고. 내가 사용할 수 있는 돈을 아껴서라도 그 사람이 필요한 걸 주고 싶다고. 함께 있는 것만으로도 즐겁다고. 시간이 너무 빠르게 간다고. 단순히 나란히 앉아 딱히 무언가를 하지 않아도 그렇다고.

 게다가 난 늘 일상이 피로한 사람인지라 서둘러 집을 찾곤 하는데, 이 사람과는 오래 같이 있어도 돌아서는 길이 몹시 아쉽다고. 하루 종일 생각한다고. 그 사람 슬픔이 내 슬픔인 양 가슴이 아프다고. 아침부터 밤까지 떠올린다고. 판단력이 흐려진다고.

사랑이 아니라면 이럴 수 없지 않나요. 사랑 외엔 달리 설명할 길이 없어요. 오늘도 눈이 내렸네요. 같은 하늘을 올려다보고 있을 테지요. 더 바랄 게 없습니다.

내가 하는 말은요. 당신을 마음에 담은 후론 처음부터 끝까지 고백이에요. 오래 재잘거려보겠습니다.

이따금씩 주고받는 심심한 농담이 좋았고요.
작은 고민조차 심도 있는 답변을 내어주는
당신의 친절이 간지러웠어요.
밤새워 그간 있던 엉터리 사연들을 털어놓고 싶었어요.

카페 룸펜 @ lumpencoffee_

짧게 말하자면 당신을 앓아요

 아픈 날엔 당신이 약을 건네주던 장면이 떠올라요. 아프냐는 물음에 고개를 휘휘 저었었죠. 굳이 말을 하지 않았어요. 왜냐, 당신에게 걱정이 될 뿐이니까요. 그렇지만 당신은 단번에 나를 알아챘어요. 이마를 짚고는 '너 열나는 것 같은데' 하더니만 가방에서 약을 꺼내 물과 쥐여주었죠. 후에 알고 보니 당신은 내가 자주 감기와 두통을 앓는 걸 알고서 약을 챙겨 다니기 시작한 것이었어요.

 그런 당신의 다정이 아플 때마다 생각나요. 몹시

도 따뜻했던 섬세함과 다정함에 몰래 슬쩍 입꼬리를 올리다가도 아련함이 밀려와 쓴웃음 짓기도 해요.

멍때리는 날이 늘었는데요. 난 여전히 조금만 추워져도 감기에 걸리고 몸살로 인해 괴로워해요. 아무리 껴입어도 꼭 그렇더라고요. 게다가 전기장판 온도는 40도에 맞춰놓고서 잠에 들어요. 그 아래로 떨어질 경우 금방 코를 훌쩍이고 이마가 뜨끈해지기 일쑤이거든요. 남들이 들으면 왜 이리 온도를 높게 올려놓느냐, 한다만요. 예민한 기질과 유난인 성격도 한몫하는 것 같습니다.

이번 주 목요일에는 엄청나게 추웠어요. 바람이 장난 아녔어요. 그럼에도 한 삼십 분 정도 걸어서 운동을 하러 갔고 운동을 하고 나온 후 다시금 삼십 분 정도 걸어 집으로 돌아왔습니다. 틀림없이 감기에 걸릴 수밖에 없는 행동이었지요. 그로 인해 당연히 새벽에 몸살이 와, 협탁 위 항상 구비해두는 약을 주워 먹고는 도로 잠 속으로 빠져들었습니다.

 이내 몽롱해지는 정신과 함께 보고 싶더라고요. 그 얼굴이, 참. 이마를 짚고. 목덜미에 손을 얹으며. '너 아픈 것 같은데' 하던 음성이. 그리워지더라고요.

 진짜 보고 싶어요. 만나고 싶어요. 품에 안겨 한 숨 자고 나면 몽땅 다 괜찮아질 것 같아요. 괜스레 칭얼거리고파 더 아파졌습니다.

우리 사랑하지 않기로 해요

　　　　　　　　　》》》

　　　《《《

　우리 세상에서 가장 친한 친구 할까요. 친구로만 지내도 오래오래 곁을 지킬 수 있을까요. 서로의 품에 좋은 사람이 생기게 되면 그땐 미련 없이 안녕, 할까요. 나는 당신을 매일 보고 싶어 합니다. 하지만 절대로 그래서는 안 돼요. 내가 가진 상처를 당신에게 보여줄 수 없고 내가 지나온 과거와 본연의 모습이 당신을 실망시킬 것이 뻔하거든요. 게다가 당신과 나 사이에는 마냥 순탄치 못할 길들이 이미 눈에 훤히 보이잖아요.

솔직히 말해서 난 다신 이런 사랑하지 않을 줄 알았습니다. 그리고 두 번 다시는 당신 같은 설렘을 느낄 수 없을 거라 단언했어요. 그러나 신기하게도 사춘기 시절을 도로 겪는 학생처럼 볼을 붉힙니다. 이럴 나이가 아닌데 판단력과 감정 제어하는 능력이 전부 흐릿해져요. 유치해지고요.

좋아해요.
온통 당신입니다.

더더욱 감정이 커져, 이젠 당신 주변의 모든 것들이 질투가 나요. 숨기려 해도 잘 되지를 않아 빈번히 실수합니다. 사람을 소유하려 들면 안 되는 것인데. 누구보다 잘 알면서도 그래요. 이게 제일 나쁜 것인 걸 알면서도요.

당신의 기억에 내가 평생 자리 잡을 구석이 있었으면 좋겠습니다.

농담으로 하는 얘기는 아니에요

사랑도 아니면서 왜 내게 머무르시나요. 왜 그리 다정하게 굴고 살갑게 눈 맞추며 사람 좋은 웃음을 흘리고 그러시나요. 은근히 헷갈리게 하는 아리송한 말들로 내심 기대하게 만들고 그러시나요. 그러다 내가 덜컥 사랑하는 마음을 품고서 홧김에 취중진담이라도 하면 어떡하려고요. 진짜 그럼 더 큰 일 아니겠어요.

길가를 걷다 좋은 것만 보아도 당신한테 사다 주고 싶고. 맛난 걸 먹으면 당신과 함께 와 먹어보고 싶고. 경치 좋은 곳에 방문할 때면 같이 눈에 담고 싶고. 나란히 서서 어깨에 팔도 두르고 팔짱도 끼고 온갖 낯간지러운 짓 다 하며 보고 싶다고 생각해요.

당신은 어떤 사람들을 만나 어떤 연애를 해봤을까요. 그 사람들과는 어떤 추억을 남겼고 어떤 배움이 있었을까요. 당신에게 새겨진 상처는 내가 어떻게 해야 지워줄 수 있을까요.

당신이 나 한번 진득이 사랑해 준다면 행복하게 해줄 자신 있어요. 사랑받는 기분이 뭔지 제대로 느낄 수 있도록 해줄게요. 왜, 사랑은 전부가 되는 거잖아요. 나의 모든 걸 건다는 표현은 다소 부담이 될 테고 그냥 전부를 당신에게 줄게요. 나는 속절없이 당신으로 인해 두근거리고 이 감정을 부정하기엔 너무 깊이 빠져버렸어요. 무척이나 쑥스럽지만 평생 눈 맞추고 싶어요.

그러니 나 믿고 나한테 와도 손해 볼 거 없을 거예요. 정말로요.

기꺼이 꿈에 나와주는 일, 그럴 리 만무하죠

아무 때나 사랑을 말하는 사람이 되고 싶지 않아서, 매번 누군가를 만나 사랑을 얘기해달라고 하면 말끝을 흐리거나 빙빙 돌려 발음했거든요. 그 사랑의 무게를 책임지고자 할 자신이 없어서요. 한데 어찌 된 영문인지 당신을 보고 있자니 숨 쉬듯 사랑이 나와요. 사랑한다고 매일 같이 알려주고 싶어요. 내가 지금 당신을 무척이나 깊이 생각하고 있고, 또 아끼고 있으며, 이 마음은 절대 변질되지 않은 채 순정 그대로 남을듯하다고. 함부로 고백하고 싶어요.

사실은 눈치채고 있나요. 난 당신을 볼 때마다 튀어나오는 감정을 억지로 참는다는 것을. 당신의 뒷모습만 보아도 떨리는 속내를 감추기 힘들다는 것을. 적당히 사랑하고 적당히 만나다가 헤어지는 거. 솔직히 그런 거 잘 못하거든요. 세상에 쉬운 이별이 어딨겠냐마는. 당신은 어느덧 내 중심이 되었고 이러한 상황 속에서 서로 서먹해진다면 단언컨대 빈자리가 크게 여겨질 테죠. 헤어짐의 파장이 어마 무시할 거예요.

오늘처럼 몸이 아픈 날엔 당신이 더욱 짙어요. 약을 먹은 상태로 누워 당신이 가만히 건너오는 상상을 해요. 한바탕 열이 끓어오르는 이마 위로 물수건을 얹고서 발그레해진 두 뺨을 쓰다듬어주는. 단순한 상상에 불과하지만 그것만으로도 조금은 아픔이 덜해지는듯하거든요. 나는 어떠한 약보다도 당신이 필요해요. 당신에게 안겨 잠들 수 있는 시간이 간절해요.

당신 이름 몇 번 부르다가 잠들면 꿈에라도 나와 반겨줄까요?

이게 사랑이 아니면 대체 무엇이겠어요

 사랑이면 어떻고 아니라면 뭐 어떻겠어요. 단지 난 당신과 있는 이 순간들이 소중하고 느리게 흘렀으면 할 뿐이지. 단둘이서만 알게 되는 단어들과 대화 내용, 주고받은 선물들을 멍하니 바라볼 때면 이게 뭐든 상관없겠단 생각을 해요. 우리 잘될 수 없더라도 지금을 잊지 않고서 오래 간직하기를 바라는 게 전부예요.

 당신이 공유해 준 노래를 매일 같이 듣습니다. 이 안에 당신의 마음이 담겨있지는 않을까 홀로 넘겨

짚어 보며 아련해지기도 하고 설레기도 하며 축축해지는 감정을 말리고, 도로 적시기를 반복해요.

있죠. 난 당신 생각을 무진장 많이 해요. 같이 있고 싶고 손잡고 싶고 포옹하고 싶어요. 가는 길목마다 당신이 따라붙고 누구를 만나든 무엇을 하든 간에 온통 당신밖에 떠오르지를 않아 산만해져요. 그래서 내가 이토록 흠뻑 좋아할 만한 얼굴이었나, 하면 또 그건 아니거든요. 취향 참 알 수 없어집니다 (웃음).

하루하루가 솔직히 어지러워요. 좋은 의미일 수도 있고 나쁜 의미일 수도 있겠어요. 당신 덕분에 요새 웃음이 많아지고 자주 들뜬다만 당장 고백하고픔에도 불구하고 입 밖으로 꺼내놓을 수 없으니까요.

당신을 좀 더 일찍 만나지 못한 게 아쉬워요. 우리 아주 오래전부터 알았더라면 당신의 어린 시절부터 함께 봐왔을 텐데. 내가 담지 못한 당신의 삶이 궁금하고 당신의 성장통마다 같이 할 수 없었기에 적적해집니다. 게다가 이건 다소 유치하게 들릴 수 있겠으나 내가 잡지 못한 당신의 손을 잡아 왔을 인물들이 은근히 질투가 나요.

가끔은, 앞으로 당신이 없을 나의 미래와 내가 없을 당신의 어느 날을 상상할 시 하염없이 서글퍼집니다.

당신을 귀하게 여기고 있어요. 남들보다 아끼는 마음입니다. 이걸 사랑이라고 불러도 되지 않으려나요.

**당신이 나를 빤히 바라볼 적에는
좋아한다고 말하고 싶어져요**

>>>

<<<

꽃

온종일 당신의 향기가 코끝을 맴돌아요. 당신을 만나고 돌아오는 길이면 한껏 센티해진 기분에 얼굴이 묘하게 구깃구깃해집니다. 물론 무척이나 설레고 좋죠. 이렇게나 사랑스러울 수 있을까 싶어 당장이라도 열 손가락 깍지 껴 잡고 싶은 충동이 일어나지만, 왜 그런 기분 아시나요. 너무 행복해서 슬퍼지는. 이 행복이 오래도록 지속되었으면 하는데 그럴 수 없음을 명확히 알고 있어 온통 먹구름이 차오르는 속내를.

당신을 습관처럼 보고 싶어 합니다. 이러면 안 된다는 걸 인지하고 있으면서 감정에게 수없이 집니다. 이제는 충분히 이성적인 판단을 따를 줄 아는 인간이 되었다고 생각했으나, 지나친 오만이었네요. 건방질 정도로 내가 나를 높게 평가하고 있던 모양이에요.

당신이 나를 빤히 바라볼 적에는 그냥 둘만 존재하는 세계에서 살고파져요. 우리 외엔 하나도 생각하지 않고서 고민하고 따질 것 없는 곳으로 가 함께하고파져요. 결코 전할 수 없는 고백을 한가득 써놓은 채 금방이라도 울 듯한 표정으로 다시금 읽어 내려요. 언제까지고 이처럼 기울어진 관계가 계속될 순 없는 노릇이잖아요. 어느 한쪽은 지쳐 분명 돌아설 것이 뻔한데 나는 그게 내 쪽은 아닐 거란 확신을 내놓아요.

당신 같은 사람은 또 없을 거예요. 온 세상을 다 뒤져도 내가 당신처럼 사랑할 수 있을 사람 없어요.

달력이 넘어갈수록 마음은 더 깊어져 큰일입니다. 이러다 새해가 와도 당신 이름을 소원인 양 빌고 있을듯해요.

  영락없이 당신을 좋아해요. 어제도, 오늘도, 내일도 당신을 좋아해요. 좋아한다고 쉼 없이 얘기해 주고 싶을 만큼 좋아해요. 당신과 나 사이 벌어진 몇 해의 간격이 아릴 지경으로 좋아해요. 당신이 먼저 살아본 시간 속 내가 실재했더라면 좋았을 것이었어요. 좋아합니다. 내가 아직 이 말을 한 적 없지요. 좋아하고 있어요. 단언컨대 이 표현으로 제 마음을 다 담을 순 없을 거예요.

운명적인 사건이 있었다거나 특별한 계기가 있었던 것은
아녔거든요. 그냥, 우연히 좋아졌어요.
희한하게 끌렸던 것도 같네요.
무의식중에도 눈동자를 열심히 굴려 가며
당신의 동선을 쫓았으니 말이에요.

카페 룸펜 @ lumpencoffee_

누군가를 이렇게도 좋아할 수 있구나, 하는 마음

보고 싶다고 말하고 돌아서니 산더미만큼 불어난 마음이 있었다. 당신을 좋아하지 않아야지, 꼭, 그래야지, 하는 다짐은 죄다 수포로 돌아가 어느덧 연락을 보내고 있는 나였다. 적당히를 지나친 감정이었다. 사랑이라 자신 있게 대답할 수 있는 떨림이었다. 분명한 건 그래서는 안됐었다. 우리는 우리일 수 없단 판단이 섰을 때 관뒀어야 했던 게 맞았다.

당신과 함께하는 날이면 집에 가고 싶단 생각을 잊었다. 하루의 고단함을 잊었고 그간의 아픔을 지웠으며 누군가를 미워하는 감정 또한 부질없음을 알게 되었다. 마냥 편안했고 이 와중에 설렐 수 있구나,를 깨달았다. 내가 지나온 날들이 좀 더 깨끗이 반듯했더라면 당신을 보는 마음에 티끌 한 점 없지 않았을까. 우리가 어느 이름 모를 거리에서 우연히 마주친 사이였더라면 빠르지 않았을까. 우리가 같은 시대를 같은 속도로 지나왔더라면 어렵지 않지 않았을까.

오늘보다 내일 더 좋아지는 감정이란 게 신기하고 놀라우면서도 두려웠다. 네모난 침대에 누워 네모난 천장을 바라보면 어김없이 떠오른 얼굴이 슬픈 미소를 지었다. 나는 가끔 울고 싶어지곤 했다. 화려한 네온사인을 지나 초라한 가로등 불빛을 서로가 응시하고 있을 적엔 머릿속이며 마음속이며 무엇 하나 잠잠할 틈 없이 소란해졌다.

당신을 이렇게나 좋아했다.
차라리 한번 안고 무너지고픈 심정으로.

본인을 보면 맨날 슬프냐는 질문을 웃어넘겼다. 무진장 좋아서 슬펐다. 이건 그냥 슬픈 것과는 명백히 다른 문제였다. 나는 우리가 잘되지 않는다 한들, 오래오래 당신을 좋아하는 마음을 이어갈 듯했다.

마음을 주체할 수 없는 날이면
도망치고 싶어져요

>>>

<<<

내가 정말 많이 좋아한다고 한 적 있던가요. 가장 좋아하는 음식보다도. 제일 자주 듣는 노래보다도. 늘 하는 취미생활보다도. 울고 싶은 날에 기어코 찾아보는 영화 한 편보다도. 당신을 향한 마음이 더 크다고 한 적 있던가요. 어느 누구와 견주어보아도 절대 지지 않을 깊이로 당신을 애정하고 있어요. 과연 언제까지 이토록 애틋할 수 있으려나요. 감히 예상해 볼 순 없다만 진심으로 특별하게 여기고 있어요.

당신으로부터 건너오는 말과 행동, 그리고 눈빛은 여전히 나의 판단력을 흐릿하게 만들고요. 이성과 감성 사이의 싸움을 보채요. 우리 잘되지 않으면 어떡할래요. 그때 가서 쌀쌀맞게 굴고 서로 다른 사람을 찾아갈 미래를 상상하면 서글퍼지기도 해요. 하지만 감성에 치우치기보다 현실을 좀 더 따져봐야 하는 노릇일 테죠. 우리가 손잡아야 할 이유가 아닌 멀어져야 할 이유가 더 수두룩하다면 얘기가 또 달라지는 거 아니겠나요.

물론 생각이란 걸 배제한 채 오롯이 당신에게 달려가고픈 건 맞으나, 지켜야 할 것들이 많아요. 이따금 그게 내 발목을 잡기도 한다만 더 이상 나는 옳지 못한 선택을 할 수 없어요. 겪어본 사람만이 이 질문에 대한 답을 동일하게 할 수 있을 거예요.

여러모로 복잡해지는 밤입니다. 당신 때문에 잠 못 이루는 날들이 많아요. 당신을 온종일 골몰하느라 하루를 할애해요. 마음을 주체할 수 없게 되는 날엔 자꾸만 멀리 도망치고 싶습니다. 울지도 웃지도 않는 애매한 낯빛으로. 그냥 홀로 아무도 모르는 섬으로 달아나 당신을 묵묵히 사랑하고 싶습니다. 이해할 수 없다 해도 그래요.

당신을 사랑하게 된 것은 필연적이에요

그러니까…. 어찌 되었든 간에 난 당신을 필연적으로 좋아할 수밖에 없었다고 결론짓는다. 도무지 사랑하지 않을 길 없는 모습으로 멀뚱히 등장했다. 당신과 어울리는 사람은 어떤 사람일까, 짐작하다가 그게 나였으면 한다는 바람을 갖게 된 지는 어느덧 며칠째이다. 그 사이 달력도 넘겼다. 불면에 시달렸고 늘 피로한 낯짝이 되었다. 뭐만 먹으면 속이 얹히는 탓에 까스활명수를 매일 같이 먹어댔고 '너 그것도 버릇된다' 부모님께 한 소리 들을 정도였다. 더불어 두통약도 하루하루 꼬박꼬박 영양제 마냥 물과 함께 꿀떡 삼켰다.

 난 원래 누군가를 쉽게 사랑할 수 있는 사람이 아녔다. 그래서 더욱더 쉬이 오지 않을 감정과 기회란 것은 인지하고 있는 참이었다. 친구에게 당신과 있으면 행복하다고 말하고선 곧장 일그러지는 얼굴을 보였다. 내가 가진 고민들이랑 사랑을 멈춰야 할듯한 이유를 줄줄이 읊고 나니 속내가 허했다. 친구는 서늘해진 표정으로 답했다. "그렇다면… 그런 식이라면 넌 절대 네가 사랑하는 사람과 이루어질 수 없겠다… 너한테 그런 감정이 쉽게 오는 것도 아니고 어렵게 찾아온 순간인데도 그러한 고민들로 인해 주저하게 되니까…"

 카페 창문 너머엔 크리스마스 트리가 반짝이고 있었다. 턱을 괴고서 중얼거렸다. 힘들다. 좀 더 어렸더라면 이래저래 생각할 거리 없이 당장 감정만을 따라갔을까. 아니면 지나온 시간들이 멀쩡했더라면 덜 주춤거렸을까. 그냥 나만 생각하고 이기적으로 굴 수 있었더라면. 상황을 배제할 수 있었더라면.

부평 이름 모를 길목에서 팔고 있는 꽃의 꽃말은 '진심'이라고 적혀있었다. 난 그 당시에도 당신한테 그 꽃을 쥐여주는 상상을 했다는 건, 비밀이었다. 과거를 되돌아보며 후회해도 달라지는 것 없고, 미래를 걱정하며 불안해해도 그대로 되는 것도 없단 친구의 말에 고갯짓을 했다. 입술을 앙다무는 습관으로 인해 한껏 부어오르는 느낌이 들었다. 이마를 몇 번이나 짚었다.

사랑으로 해결되지 않는 것들을 알아버린 지는 꽤 오래된 일이었는데. 사랑만으로 되지 않는 것들이 있다는 댓글에 남몰래 조용히 좋아요를 누르며 공감했던 게, 일종의 다짐 비슷한 것이기도 했는데. 감정에 휘둘리지 말자, 하면서도 영락없이 제자리걸음이었다. 내가 가야 할 길을 알고 있음에도 불구하고 자꾸만 반대편 길이 눈에 밟혀 한 걸음도 떼지 못했다. 왜 이렇게 좋아하게 되었을까. 좋아하는 상대와 운명이 될 거란, 정말이지 어느 소설 속 농담을 믿고 싶을 정도로, 왜 지극해지나.

계속 당신 생각만 한다고 적었다. 거짓 한 점 섞이지 않은 진담이었다. 주고픈 것들이 많고 주려는 것들이 수두룩하다고 하고 싶었다. 그러나 꼼지락거리며 자제했다. 당신이 훗날 나를 '이래서 좋아했지'하며 원망할 리 없기를 소망했다. 나 역시 당신을 절대적으로 미워할 수 없을 거였다. '이토록 좋을 수 있나…'

일찍이 해가 지는 바람에 밤이 조금 빠르게 찾아왔고 그리움은 증폭되어 온통 보고 싶다는 글자만이 머릿속을 가득 메웠다. 어리숙한 투정일 수 있겠지만 한평생 내 사랑은 조금도 수월한 적 없었단 게 억울하긴 했다.

잘 자요, 사랑한다는 고백이에요

　

잘 잤으면 좋겠어요. 당신이 새벽에 깨어나 뒤척이지 않았으면 해요. 알람을 맞춰놓은 시간보다 일찍이 눈을 떠 뒤척이는 일이 없기를 바라요. 혹여나 꿈을 꾼다 한들 그게 나쁜 꿈이지 않기를 기도합니다. 부디 개운함과 동시에 깨어나야 해요. 찌뿌둥함 없이 평소대로 씻고 나와 커피 한 잔을 마시고 나갈 채비를 마치며, 묵직해지는 마음의 짐이 하나도 없어야 해요. 당신의 행복이 곧 내 행복임을 고백하는 바입니다.

아이유 노래 중 '밤 편지'라는 곡이 있잖아요. 비하인드를 보니 본인이 잘 자지 못하여 불면증을 겪고 있다고 한들 누군가가 잘 잤으면 하는 마음이 드는 것. 그것이 바로 사랑이라는 생각이 들어 가사를 적게 되었다고 해요.

나 역시 마찬가지예요. 늦은 새벽, 내가 깨어있는 시각. 침대에 누워 두꺼워진 이불을 덮으며 조용히 읊조려요.

잘 자기를.
당신이 푹 잘 수 있기를.

잘 자요, 내 사랑.
내일은 한 뼘 더 자라난 나의 마음을 전할게요.

오늘은 짝사랑 중인
강아지 얘기를 해볼까요

검은콩처럼 동그랗고 새카만 눈과 코를 보고 있노라면 난 어디든 달려갈 수 있단 생각을 하곤 해요. 왠지 모르게 얘도 지금 날 보고 살짝 미소 지은 것 같은데, 착각에 빠질 때면 더할 나위 없이 흡족해지죠. 새하얗고 부드러운 그 애를 품에 안을 적엔 온갖 근심과 걱정이 눈 온 뒤 맑음인 양 녹아내리곤 합니다. 그 애는 이름도 되게 귀엽거든요. 자음과 모음이 각이 많이 진 모양이긴 해도 그리 투박한 아이는 또 아녜요.

하지만 그 애는 내가 본인을 매우 아끼는 걸 모르는 눈치에요. 내가 그 애가 오기만을 손꼽아 기다린다는 걸 의심조차 안 한다는 듯 굴어요. 어딘가 도도한 구석이 있죠. 그 애는 내가 소리 내어 이름을 불러도 눈길 한번 주지 않거든요. 그 애가 좋아하는 과자 같은 걸로 미끼 삼아 휘파람을 불면 그제야 쪼르르 다가와 주곤 합니다. 그 모습마저 사랑스럽기만 하죠.

나는 그 애를 매일 같이 쓰다듬어주고 싶어요. 기분 좋은 향이 나고 기분 좋은 행동을 하는 그 애를 자주 두 눈으로 감상하고 싶어요. 그 애는 이런 말에도 시큰둥하거나 무미건조한 눈빛을 보낼 수도 있는 노릇이지만 말이에요. 물론 그 애가 즐겨 하는 것들을 내 손에 쥐고 있다면 얘기가 달라질 수도 있겠죠(웃음).

나는 그 애의 사랑을 얻는 재주가 없어서 이미 그 애가 애정하는 사람들을 부러워하기도 해요. 그들

앞에서 보이는 그 애의 작은 재롱에 몇 번이고 몰래 함박웃음 짓곤 해요. 그래도 괜찮아요. 정말이지 그 애가 평생 헤아려주지 않는다고 해도 섭섭하지 않아요. 그럼에도 나는 그 애를 통해 무조건적인 온기와 평온함을 느끼거든요.

난 그저 따뜻한 난로 옆, 가끔 날 방문해 주는 포근한 그 애를 안고서 마냥 귀여워하렵니다.

날 아프게 하지 않는 사람들이랑만 살고 싶다

〉〉〉

〈〈〈

내가 좋아하는 사람들이 행복하기를 바란다. 내가 좋아하는 사람이 좋은 사람일 거란 보장은 없다만 그들을 믿기로 결심해 본다. 지난날의 데이터를 기반으로 사람을 의심하고 끊임없이 경계를 늦추지 못하면서도 어느덧 또다시 사람을 향해 성큼 다가서고 있는 나를 발견할 때면, 눈살이 잔뜩 찌푸려지기 일쑤이다. 어떤 날은 다 보여줘도 될듯하고 또 어떤 날은 절대 그래서는 안된다고 다그치는 일상의 반복이다. 냉큼 풀어지고 싶은 마음과 이 이상은 가까워지지 않아야 한단 마음이 충돌한다.

물론 이런 식으로 머뭇거리다가 진짜 좋은 사람을 놓친 경우도 수두룩할 것이다. 하지만 나는 나를 지키기 위해 긴장의 끈을 놓아서는 안 된다. 언제 누가 나를 벼랑으로 밀어낼지 예측 불가하기에 바짝 긴장한 채 하루를 보내야 한다. 정말이지 나와 맞지 않는 인간이라면, 해가 될 인물이라면 진작에 말해줬으면 좋겠다. 그럴 일은 절대 없을 테지만, 게임 캐릭터 마냥 머리 위로 '피하시오' 일침이 둥둥 떠다녔으면 한다.

우리는 살아가며 무수한 사람들과 공존한다. 수많은 사람과 인연을 맺는다. 그리고 수차례 이별한다. 암만 해본다 한들 익숙해지지 않는 게 이별이다. 살점을 도려내는 듯한 아픔은 별다른 약이 없어 시간이 해결해 주기만을 기다릴 수밖에 없다.

더는 잃지 않기 위해 주먹을 꽉 쥔다. 오래도록 곁에 남아주는 이들의 품에 기대어 그들의 따뜻함에 보답할 수 있도록 노력해 본다. 과거를 함께 지나온 이들. 과거를 잊을 수 있게 해주는 이들.

    날 아프게 하지 않을 사람들과 오순도순 행복해지고자 한다. 마음을 이용하지 않고 누군가의 이야기를 쉽게 하지 않는 당신들이랑 오래도록 숨 쉬고 싶다. 호흡이 가쁘게 느껴지는 날, 좋아하는 사람들의 이름을 나지막이 읊어본다. 사랑이 이긴다고 했으니까. 당신들 사랑 아래 나는 분명히 나아질 것이다.

좋아하는 사람이 있다면,
최선을 다해 좋아해 보세요.
아주 작은 후회조차 남지 않을 정도로
정성껏 온 마음을 쏟아보도록 하세요.
사랑의 형태는 다양하다고들 하잖아요.
그러니 누가 보아도
'쟤를 되게 사랑하나 보다'
싶을 지경으로 사랑해 보세요.

카페 룸펜 @ lumpencoffee_

나는 저 인간 앞에서는
뭐든 지고 싶겠구나

　무조건적으로 이해할 수밖에 없는 사람이었다. '그래, 그럴 수 있지'란 말을 아낌없이 하도록 하는 사람이 있었다. 무슨 짓을 하든 간에 도무지 미워할 수가 없었다. 잘못이나 실수를 하고 난 후에, 잔뜩 꼬리 내린 눈가로 본인이 싫어졌냐 물을 때면 속절없이 고개를 저을 수밖에 없었다. 그 사람 한정으로 관대해졌다. 이성과 감성 사이에서 흐트러졌다.

　처음부터 희한하다고 생각했다. 이상하리만치 눈길이 가는 탓에 억지로 관심을 다른 곳으로 돌리기 위해 애썼다. 그래서는 안된다고 스스로를 다그쳤다. 내가 좋아할 이유가 덕지덕지 붙어있는 인간이라는 걸 알았다. 좋아하면 안 되지만. 그럼에도 불구하고 좋아할 수밖에 없는 사람. '나는 저 인간 앞에서는 뭐든 지고 싶겠구나' 소란스러운 마음을 덮은 채 뜬눈으로 밤을 지새웠다.

옛적에도 비슷한 유형의 사람을 또 만난 적이 있었다. 그때도 매번 졌다. 뻔히 똑같은 결말을 초래할 노릇이었다. 그 당시 그토록 힘겨워하고 고통의 나날들을 견뎌야 했는데. 배우고 깨달음을 얻은 거라고 결론짓고서 잊으려 온갖 노력을 다했는데. 더 아파봤어야 했던 걸까.

눈이 오면 슬픔의 빈도가 높아졌다. 패딩 안에 넣은 손끝이 차가워졌다. 시린 입김을 비집고서 이름이 흘러나왔다. 이젠 정말 보고 싶어도 볼 수 없겠지. 웃지 않았다.

쓸쓸히 당신, 메리 크리스마스

》》

《《

🌿

 메리 크리스마스. 내년에는 우리 함께 보낼 수 있다면 좋겠네요. 우리 멀어지기로 약속했는데 아직도 당신 생각을 해요. 생각을 하고자 하여서 하는 것이 아니라, 생각이 나는 바람에 생각을 할 수밖에 없음을 알아주었으면 해요. 눈을 떠서 눈을 감는 순간까지 빼곡히 당신이에요. 당신 외엔 다른 길로 들어설 틈이 없어요. 온전히 당신을 품에 안은 채 꾸벅 졸고 싶은 고단한 하루.

 당신과 맛있는 걸 먹으러 가고 싶고 당신과 좋은

걸 보고 싶으며 당신과 나란히 앉아 도란도란 이런 저런 얘기를 나누고 싶어요. 거창하고 근사한 건 필요 없어요. 그냥 당신이면 돼요. 사는 얘기. 살아온 얘기. 이 세상에 사연 없는 사람이 어디 있겠느냐고들 한다만. 난 당신이 앞으로는 아무런 사연 없이 마냥 천진하고 태평하기를 바라요. 당신의 지난날을 잊도록 도와주고 싶어요. 더 이상은 같은 아픔이 없기를.

내가 과연 당신에게 행운일까요? 행복이었을까요? 다 지난 마당에 무엇을 전전하겠어요. 훗날에 당신이 새로운 사람을 만나게 되었단 소식을 들을 시엔 억장이 무너질듯해요. 뻔뻔하고 염치없는 소리겠으나 질투가 한껏 날 것도 같군요. 그래도 그 사람은 부디 좋은 사람이었으면 해요. 당신을 절대 울게 만들 리 없는 인물이기를 소망할게요. 그거면 되겠거니 할게요.

주제넘게 이상을 꿈꾸지 않아요. 다만 모쪼록 아

쉬움이 남는 크리스마스이긴 하네요. 당신이랑 잠옷 맞춰 입고서 케이크 한 조각씩 나눠 먹지 못해 길게 쓸쓸할듯해요. 그래도 진심을 다해 전해봅니다.

메리 크리스마스.
여전히 많이 아끼고 있어요.

하필이면 사랑으로 마주쳤을까요

 내게도 당신을 사랑 아닌 눈으로 바라보게 되는 날이 올까요? 당신을 보아도 더는 가슴 떨리지 않고 무진장 즐거워졌다가 무진장 슬퍼지기를 반복하지 않는 날이 올까요? 당신을 보고 싶어 하지 않는 때가 오기는 할지. 당신한테 고백하지 않아도 아쉽지 않은 시기가 오긴 하는 것인지. 곰곰이 생각해 보다가 문득 또 한 번 어처구니없는 타이밍으로 서글퍼지는 겨울의 어느 날 느지막한 오후입니다.

 만약 나는 당신과 영영 멀어지는 날이 올 경우 당

신과 나눈 모든 것들을 덩달아 멀리해야 할 테지요. 버터쿠키를 먹는 일도, 따뜻한 아메리카노 한 잔을 마시는 일도. 작은 손에 장갑을 끼우는 일도. 목도리를 두르는 일도. 함께 듣던 음악과 좋아하던 캐릭터, 같이 먹던 음식, 카페, 여러모로 서러워질 테지요.

하필이면 왜 이런 나를 사랑했나요. 내가 아니었을 시 당신은 배로 더 행복하지 않았을까요? 나는 속절없이 당신을 사랑할 수밖에 없는 운명이었다 하면 된다만요. 당신은 다른 이를 사랑했더라면 훨씬 더 온전했을 텐데. 괜히 내가 당신의 슬픔에 한 겹 더 얹은 것은 아닌가, 미안해져요.

하지만 그럼에도 염치없이 덧붙이자면요. 계절과 시간은 유한하다고 하나, 이대로 당신을 향한 내 마음은 무한할 듯한 기분이 들어요. 그래서 더 미안합니다.

모쪼록 무해하고 무탈하세요. 바라는 것은 이게 전부예요. 부디 내 사랑이 당신께 해가 되지 않기를. 이만 줄이겠습니다.

**남들 다 하는 사랑,
당신이랑 하고 싶어요**

》》》

《《《

✦

　눈이 온다고 생각나는 게 아니라요. 비가 내린다고 하여 연락하고픈 충동이 일어나는 것이 아니고요. 그냥 딱히 이유 없이 떠올라요. 밥을 먹고 양치를 하고 세수를 하고 나온 화장실 문턱에서 따라붙고요. 친구를 만나든 무엇을 하고 있든 간에 옆에 있는 것 마냥 선명해요. 심지어는 중요한 업무를 보고 있는 와중에도요. 집중력이 흐려지고 부산스러워져요. (때문에 요즘엔 실수를 달고 다녀요.)

　늘 맑게 웃어주는 사람이거든요. 어떠한 짓을 해

도 밉지 않은 인간이에요. 왜, 사람 좋아지는 것도, 미워지는 것도, 전부 순간이라고들 하잖아요. 근데 이 사람으로 소개하자면, 좋아지는 순간들만 있지 결코 미워할 수는 없을 듯해요.

특이한 점도 수두룩해요. 아무 생각 없이 가만 보고 있다가 '어떻게 지구상에 존재할 수가 있지?' 간혹 그래요. 행동 하나하나. 장난기 가득한 말투와 표정, 시시하지 않은 말마디들이 꽤나 인상 깊어요. 그래서 혼자 있었던 일들을 되짚어보며 피식피식 웃음을 터뜨리고 그래요.

솔직히 사랑 얘기라는 게, 대부분 비슷비슷하잖아요. 만나고 헤어지고. 좋아하고 싫어하고. 남들 다 하는 사랑, 남들 다 하는 이별이란 말이 있듯이. 사랑은 정말이지 진부하고 지루하기 짝이 없어질 만도 한데. 마음의 총량이란 건 진짜 없는 모양이구나, 깨닫습니다. 이번 사람한테 내 마음을 몽땅 줘버린 탓에 다음 사랑은 절대 없다, 호언장담하는 짓이 무의미해진 적이 몇 번 있었죠.

사랑은 결코 흔하지 않았으나 결국엔 또 내 앞에 와 문을 두드리곤 했어요. 아니, 어찌 보면 두드린 것도 아녔죠. 벌컥 열어젖히고서 '오늘부터 내가 네 마음에 들어앉겠다!' 막무가내였으니. 사랑의 예고 없음에 시린 눈을 감기를, 덕분에 몇 해를 무료하지 않게 보냈습니다.

이처럼 경험대로 당신도 마찬가지가 아닐까, 싶기도 해요. 굉장히 설레하고 아파하고 즐겁고 슬프다가, 자연스레 다음으로 지나갈 수 있지 않으려나, 하기도 해요. 하지만 결말이 어떻게 흘러가든 간에 오늘을 살고 있는 난, 당신을 아주 많이 좋아하고 다른 사람은 꿈도 못 꿀만큼 사랑하고 있어요.

나의 마지막이 당신이라면 더할 나위 없을 것 같습니다. 이번에는 정말, 진심으로, 온 마음 다해 내 남은 모든 사랑을 당신께 건넬게요. 부디 기뻐하며 받아주세요.

사랑할 결심을 하게 해요

나는 당신을 고급 레스토랑에 데려갈 수 없고 원하는 것들을 전부 이뤄줄 수도 없어요. 하물며, 비싸고 치장하기 좋은 것들. 내가 가진 걸로는 턱없이 부족하여 선물할 수 없지요. 하지만 그보다 더 값진 사랑을 알려주겠다고 한다면 성에 안 차려나요. 이 지구상에서 가장 사랑받는 사람으로 만들어주겠다고 한다면 기가 막히려나요.

적어도 난 당신을 속이는 사람들과는 달라요. 뒤에서 당신 얘기를 마구마구 하는 사람들이랑은 어울리지 않는단 말이에요. 늘 순백의 마음으로 당신을 바라봅니다. 깨끗한 민낯으로 대해요. 당신에게는 굳이 숨기거나 다른 이들 앞에서처럼 가면을 쓰고 싶지 않거든요.

당신을 아프게 하는 사람들을 저주하고 당신의 행복만을 위해 없던 종교까지 만들 지경으로 기도해요. 당신이 얼마만큼을 짐작하는지 몰라도, 난 분명 그것에 백배 이상은 더 좋아해요.

그래서 더 이상은 도망가지 않으려고요. 이제서야 명확한 판단이 섰어요. 내가 가야 할 곳은 다름 아닌, 이 어지러운 세상 속 오직 당신이라는 목적지뿐이라는 걸요. 만일 지금 나의 선택이 틀렸다 한들 상관없어요. 늘 나쁜 패만 뒤집는 운명이었던 터라, 이번에도 마찬가지일 수도 있겠다만. 무슨 상황에서든 기꺼이 사랑하려고요. 이로 인해 잇따라오는 결말은 겸허히 받아들이도록 할게요.

현재 여기는 막다른 골목이고 당신을 사랑하는 것 외엔 어떠한 선택지도 보이지 않습니다. 한평생을 끌고 왔던 나의 흑백 불행 사이에서도, 어째 당신만은 다채로워요. 선명히 빛나요.

함부로 사랑할 결심을 하게 해요.
만나러 가도 될까요.

**올해의 마지막 날,
사랑을 말해요**

　 그 동그란 얼굴을 물끄러미 들여다보고 있을 시엔, 마치 강아지풀로 코끝을 간지럽히듯 금방이라도 재채기가 나올듯해요. 마음이 산만해지고 간지러워 웃음이 터져 나올듯합니다. 좀처럼 온몸 가득 퍼지는 설렘을 감출 방도가 없어요. 왜들 그러잖아요. 세상에서 숨길 수 없는 건 재채기와 사랑이라고. 당신을 보는 나의 눈빛과 대하는 태도에서 어느 정도 눈치를 챘을 것이라 예상해요.

　 당신에게 실없는 말을 걸고자 주변을 빙글빙글

맴돌았어요. 어쩌다 마주치는 우연을 만들어내고자 왔던 길을 되돌아가는 짓까지 했어요. 당신의 얼굴이 하루 종일 시야를 가리는 탓에, 무엇 하나 제대로 집중하지 못해 속도가 느려졌어요. 심지어는 걷다가도 당신 생각이 나는 바람에, 자리에서 우뚝 멈춰 섭니다.

아주아주 곤란해요. 어느 날은 복권이라도 당첨된 사람 마냥 히죽히죽 웃는 자신이, 그러다 또 어느 날은 울상을 짓고 있는 표정이 말이에요. 사랑같은 건 오래전에나 열렬했다고 치부했는데. 이젠 절대 시시한 장난에 놀아나지 않을 거란, 소리까지 했는데. 이게 다 무슨 일인가 싶어요.

이렇게 보니 사랑엔 도무지 내성이 생기지 않는 모양이에요. 어쩌면 '우리가 만일 ~했더라면'식의 가정은 애초부터 쓸데없는 시간 낭비였을지도 모르겠어요.

올해가 다 가기 전에 말해봅니다. 당신을 진심으로 깊이 사랑하고 있어요. 나 자신보다도 당신을 더 우선시해요. 더는 이성적인 척, 어른인 척하기 불가해요.

사랑합니다.
내년엔 우리 사귀는 사이로 만나는 건 어떨까요?

2장

카페 룸펜 @ lumpencoffee_

넘치는 불행의 반복 속에서
당신은 유일한 행복이 돼요

당신이 나를 좋아하지
않는 날이 오면 어떡하죠

〉〉〉

〈〈〈

⊹

나를 더 좋아해 달라고 보채게 돼요. 툭하면 토라지고 서운해지기 일쑤인지라, 당신이 질려 하지 않을지 걱정이 되어요. 자꾸만 어린애처럼 사랑을 확인받고자 질문하게 되고요. 당신이랑 있는 시간이 훗날 오래된 꿈이었다, 라고 설명하는 때가 올까 두려워요.

차라리 우리 스쳐 지나가는 인연이었더라면 나았으려나요. 서로의 인생에 '행인 1', 혹은 '지인 2'이었을 경우 속 편했을까요? 하지만 그건 또 아니죠.

당신과 특별하지 않았을 시 무료하기 짝이 없었을 인생이니까요. 당신 이름으로 빼곡한 일상을 애틋하게 여기고 있어요. 조금만 어긋나도 단단히 틀어질 듯하여, 불안함도 있고요. 아주아주 아끼는 도자기를 손에 쥐듯 조심하고 있어요.

솔직히 나는요. 사랑에 무척이나 서툴거든요. 그리고 나의 이런 서툰 사랑이 혹여나 당신을 아프게 하면 어쩌나, 붉게 물든 눈가를 남몰래 비비적거립니다.

태어나서 내가 본 가장 아름다운 장면은 당신과 함께 마주한 노을이었어요. 앙상한 나뭇가지와 얼어붙은 길목. 미끄러지기를 수차례. 손을 잡고 뒤에서 끌어안던 품을 잊지 못해 아마 영원히 쩔쩔맬 거예요.

간혹 마음에 들지 않는 짓을 하더라도, 그러려니 하며 나를 더 좋아해 주세요. 부탁이에요.

당신을 지킬 수 있는 멋진 사람이 될게요

"너 같은 애가 또 있을까 싶어. 멋있어, 보고 있으면 두근두근해" 당신이 나를 멋진 사람이라고 해준 덕분에 진짜 멋진 사람이 되고자 다짐하게 되었어요. 당신이 나를 좋은 사람이라고 해주니 나는 더 좋은 사람이 되기 위해 노력을 게을리하지 않아야겠어요. 오늘 본 당신은 어제의 당신보다 한 뼘 더 사랑스러워졌네요. 내가 또 한 가지 되고자 하는 것은, 그런 당신을 울리지 않는 사람이 되는 거예요.

난 당신이 웃을 때 가장 기분이 좋습니다. 어느

정도 방정맞은 감이 있는 웃음소리도 좋고요. 듣고 있으면 덩달아 입꼬리가 올라가 말썽입니다. 온갖 주접이란 주접은 다 떨고 싶어요. 무엇을 하든 간에 귀여워 보여요. 솔직히 말하자면 이젠 숨 쉬는 것만으로도, 그러니까 존재만으로도 귀여워 큰일이에요. 왜들 그러잖아요. 다른 건 몰라도 귀여워 보이기 시작하면 끝이라고.

당신이 당신을 사랑하지 않아도 내가 당신을 사랑하면 되고요. 당신이 당신의 인생을 후회라며 치부한다 한들 내가 끌어안아 주면 됩니다. 당신은 그저 나의 사랑 안에서 둥글고 자유로워지세요. 그동안의 아픔은 다 잊고서 새로이 안온함을 되찾으세요. 과거를 지울 만큼 좋은 기억과 추억들 내가 만들어줄게요.

어떠한 상황에서도 서로를 배신하지 않겠단 약속만 해주면 돼요. 나는 당신한테 평생 상냥하고 애틋하고 싶어요.

나의 행복은 오롯이 당신

>>>

《《

 함께 밥 한 끼 하는 것만으로도 참 많은 위안이 되는 사람이라고 설명하면 충분하지 않을까.

 내게 행복이란 당신과 나란히 누워 나태해지는 일. 엉터리로 자른 디저트를 당신의 입에 넣어주곤 말랑한 두 뺨을 살짝 꼬집는 일. 금방 길게 자란 탓에 벌써 눈이 찌른다는, 머리카락을 쓸어 넘겨주는 일. 가령 키보드 소리가 또각거린다든가, 걸음걸이가 총총거린다든가, 하루 종일 시답잖은 대화를 나누는 일. 좋아하는 것을 얘기할 때마다 초롱초롱 반짝이는 당신의 눈동자를 보는 일. 당신한테 팔을 두른 채 으스러질 듯 꽉 껴안는 일.

당신이 없을 경우 쉬이 불행해질 본인을 안다. 나의 행복은 명백히 당신으로 인한 것이라서. 당신이랑 조금만 토라져도 희미해지는 것이 행복이라서. 어떻게든 당신 곁에 오래 남아 이 행복을 만끽하고 싶다. 당신을 자주 웃게 만들고 싶다.

깊이 사랑하고 있다.

온 마음을 전부 사용하여
빼곡히 사랑해요

>>>

<<<

✤

만약 내가 당신을 아끼는 마음이 눈이 되어 내린다면, 아마 온 동네가 발 디딜 곳 없을 정도로 눈이 쌓여버리는 바람에 현관문조차 열 수 없게 되어버릴 거예요. 교통은 마비되고 거리의 사람들은 물론 가게 안 사람들까지 전부 눈 속에 갇혀버리는 지경에 이르게 될 테지요.

또한 내가 당신을 아끼는 만큼 비가 내린다면 이 세상이 빗물에 잠겨버릴 거예요. 모두가 돛단배를 타고서야 겨우 이동할 정도로 지붕이건 자동차이

건, 죄다 둥둥 떠다닐 테지요.

 적당히를 지나친 터라, 무지막지한 상황이 벌어질 거예요. 중간이 없어요. 이토록 한시도 허투루 좋아한 적 없어요. 전혀 가늠이 안 간다며 갸우뚱할 시엔, 약간 서운해질 것도 같아요.

 왠지 기분 탓인가, 올겨울엔 유독 비와 눈을 자주 마주하게 되는 듯하네요. 당신과 따뜻한 코코아를 나눠 마시며, 창밖을 하염없이 내다보고픈 마지막 연휴의 주말입니다. 얼른 주저 말고 내게 놀러 오세요.

**당신이 꿈이라면
깨어나고 싶지 않아요**

〉〉〉

〈〈〈

　당신이랑 있는 시간은 전부 꿈같아서, 혼자 몰래 팔뚝을 꼬집어보곤 해요. 아야, 하기 전의 통증이 느껴질 때면 그제야 실제 내 앞에 있는 당신이 현실이구나 안도하게 되죠. 당신을 한시도 놓치고 싶지 않아서 나는 늘 빤히 당신을 바라보곤 해요.

　내가 맨날 실없이 웃으면 당신은 짜증이 난다고 하지만, 난 당신이 좋아서 어쩔 수 없어요. 모든 행동이 귀여워서요. 심지어는 마냥 숨만 쉬고 있는 생김새도 오목조목 사랑스러워서요. 주체할 수 없을 지경으로 웃음이 새어 나와요.

만일 당신이 꿈일 경우 영영 깨어나지 않아도 좋겠다고 생각합니다. 설령 이게 신이 내린 벌이라 하면은 그럼에도 달게 받겠다고 자처하여 당신 곁으로 뛰어들 만큼, 굉장히 마음 깊이 두고 있습니다. 왜, 불나방이 타오를 것을 알면서도 불구덩이 속으로 날갯짓을 하듯이 말이에요.

근데 그거 알고 있나요. 사실상 불나방은 불을 좋아해서 불을 향해 날아드는 것이 아니에요. 그저 빛을 향해 일정한 각도를 유지하면서 나는 특성 때문이라고 하더군요. 그렇게 일정한 각도를 유지하며 나선을 그리다 보면 마침내 불 속으로 들어가게 되는 거라고 합니다.

어쩌면 사랑에 빠지는 과정과도 비슷하다고 할 수 있겠군요. 처음부터 좋아하고자 한 건 아니었는데 왠지 모를 끌림에 이끌려 계속해서 주변을 빙빙 돌다 보니 어느덧 흠뻑 사랑이게 되어버리는, 일종의 뻔한 클리셰처럼 말이에요. 모두들 사랑을 얘기할 적엔 사랑에 빠졌다고 하잖아요. 빠지다. 맞아요. 그런 거예요. 사랑은 속수무책으로 빠지게 되는 거예요.

참으로 신기하지 않나요. 팔십억이 넘는 이 지구상의 인물 중, 우리가 이 공간, 이 날짜에 만나 서로를 익히고 사랑을 말하게 되었다는 게. 난 늘 입버릇인 양 달고 살던 말이 있었는데요. 그것은 바로 '둘이서 하는 사랑은 기적 같아'였어요. 그간 질리도록 짝사랑, 외사랑, 이런 건 많이 해봤으나 서로가 서로를 좋아하는, 그러니까 일방적이지 않은. 양방향으로 통하는 감정 교류는 내게 흔하지 않았기 때문이었지요.

그렇기에 더더욱 당신이란 존재가 꿈같아요. 잘못 감았다가 뜰 경우, 즉 혹여나 너무 오래 눈을 감아버리거나 너무 빨리 눈을 떠버리거나 할 시, 곧바로 이 꿈속에서 실수로 깨어버릴까 봐 뜬눈으로 꼬박 새울 만큼 진지해요.

사라지지 마요. 타이밍이 사랑을 이어가는 비법이라면. 거듭 내가 당신 앞에 등장해서 기막힌 타이밍을 노릴게요. 그런 식으로 우리 매일 사랑에 **빠져요**.

조금은 이른 고백일까요

»»

«««

✦

 이처럼 이제 막 교복을 입은 학생 마냥 순수해지는 사랑이 다음에 또 있을까 싶어요. 암만 생각해 보아도 이런 사랑 후엔 퍼석하고 허울 좋은 것만 둘러싼, 가짜 사랑만을 하게 될 듯한데.

 잔뜩 피로해진 하루의 마무리. 오늘만 해도 안약을 몇 번이나 눈에 쏟아부었는지 몰라요. 살짝 상기된 두 뺨은 도무지 열이 내리지 않아 약을 먹어도 영 효과가 없었더라죠. 몸이 자꾸 성한 곳 없어지는 듯한데 그럼에도 불구하고서 당신을 보고파 하는 마음은 지칠 기색 없이 달리기를 한단 말이에요.

당신이랑 떨어지기 싫어요. 더 가까이 와요. 이마가 뜨끈해질 정도로 앓던 날에도 집에 가기 싫다며 칭얼거리고 몸을 둥글게 말던 그 순간을 기억하나요.

당신과 이대로 함께 살고 싶다.
당신이 너무너무 좋아요. 진짜로.

쑥스러운 낯빛 한 점 없이 왈칵, 이러한 말을 뻔뻔하게 쏟아낼 때면. 내가 이러다 당신한테 목매게 될 경우 어쩌나, 이미 눈에 훤한 나의 처지에 조금은 다급히 농담인 척 마음을 주워 담아보아요.

오늘은 어떤 일이 있었나요. 무엇이 당신을 가장 지치게 만들었나요. 요즘 들어 제일 많이 하는 고민거리는 무엇인가요. 전부 다 괜찮을 거라고 하루에 백 번도 넘게 말해줄 수 있어요.

난 당신을 떠올릴 시엔 없던 성공 욕심도 생겨요. 내가 아주아주 잘 될 경우 당신을 데리고 살 수 있지 않을까, 하는 마음에서요.

당신을 믿지 않으면,
내겐 믿을 것이 아무것도 없어요.

카페 룸펜 @ lumpencoffee_

유일한 진심

당신이 어디 터놓을 곳 없을 때 별다른 고민 없이 날 찾게 된다면 좋겠어요. 당신이 아주 힘들거나 누구에게 쉽사리 말 못 할 고민거리가 생겼을 때 어김없이 내 번호를 누르게 된다면 기쁠 것 같아요. 당신이 갈피를 잃을 경우 떠오르게 되는 사람 일 순위가 나이기를 바라는 참이에요. 비록 우리가 다 자란 성인이 된 지금에서야 만나게 되었다만, 그럼에도 불구하고서 순수한 마음으로 친구가 될 수 있다고 생각하거든요.

남들은 입을 모아 말하곤 하지요. 사회에서 만난 사람과는 절대 진실한 친구가 될 수 없는 법이라고. 난 그 편견을 깨주고 싶어요. 당신의 이야기를 함부로 발설하지 않고 괜한 시기하지 않으며 묵묵히 혼자 귀담아듣고 헤아릴 것을 맹세해요. 당신이 누구한테 가십거리가 되는 거 나도 싫어요. 당신 역시 동일한 거 아니겠어요.

나 또한 당신에게 이런저런 속 사정을 재잘거리고 있는 중이죠. 그 찰나들마다 조용히 고개 끄덕이며 답변해 주는 다정함에, 연거푸 나른해지는 느낌이에요. 온갖 잔해들이 거세게 휘몰아치던 마음에 비로소 평화가 찾아오는듯합니다. 다시금 잔디밭이 깔리고 꽃을 피우며 벌과 나비가 날아드는 기분이라고 할까요? 장황하게 설명했으나, 간략하게 정리하자면 포근하단 말이에요.

항시 나를 챙겨주는 섬세함이 좋아요. 내가 흰옷을 입고 왔을 시, 앞치마를 가져다주는 친절함이 좋

고. 내가 무언가를 흘렸을 경우엔 티슈 몇 장 뽑아
서는 꼼꼼히 닦아주는 손길을 무척이나 애정해요.

부디 우리 정해진 곳이 아니어도 자주 얼굴 봐요.
나의 부족함을 채워주어 고마워요.

난 언제나 당신 곁에
영원한 사랑으로 남을래요

>>>

<<<
┼

당신이 차 안에서 불러주던 어느 옛 가수의 노래는 평생 잊지 못할 장면과 음악으로 남을 테지요. 마치 살아본 적도 없는 시절로 돌아가 그날을 살고 있는 듯했어요. 수줍음으로 인해 살짝 미소 지은 보조개와 코앞에서 들려오는 누군가의 음성에 이토록 몰입된 적은 또 처음이구나, 했지요. 적당히 갈라진 목소리가 왠지 뭉클한 기분이 들도록 하여, 코끝이 시렸던 건 영원한 비밀로 간직될 거예요.

당신을 한 번 더 세게 안아줄 걸 그랬나 봐요. 괜

히 당신에게 뾰로통해지는 유치한 심보 때문에 일부러 창밖으로 시선을 고정시키거나 맞잡은 손을 빼거나 돌아누울 때도 있었거든요. 자꾸 자꾸만 사랑을 갈구하게 되어 마음을 반으로 쪼개고 싶단 생각까지 한 적이 있어요. 원래 이러진 않는데. 나조차도 낯선 나의 모습과 철없는 나의 사랑이 당신한테 부담이 되진 않을까 염려하면서도 말이에요.

내가 당신의 짐을 함께 감당하고자 한다는 것은 진심이었어요. 진짜 사랑하는 일엔, 상대의 불행과 행복 중 하나만 골라 나눠 지니기를 바라지 않아요. 당신의 불행도 내가 같이 하도록 할게요. 게다가 당신의 말을 옮긴 것이다만, 그게 어디 짐이란 표현이 걸맞긴 한가요. 빈말 아니에요. 더는 당신이 살아가며 울 일 없도록 내가 당신을 지킬게요.

마지막 곡은 김현식의 내 사랑 내 곁에, 였네요. 당신이 어디에 있든 무엇을 행하든 간에 당신을 향해 두 팔 벌릴 준비를 할게요. 내 사랑 내 곁에. '비틀거릴 내가 안길 곳은 어디에' 가사에 응하듯 비틀거리는 날마다 안길 곳이 되어줄 수 있도록 말이에요.

난 당신 옆에 없어도 항상 당신 옆에 있는 듯한 사람으로 남겠어요. 소원이라면 소원이랍니다.

설명하자면,
복숭아 같은 사람이에요

,,,

"""

　자꾸 눈이 가요. 말랑한 복숭아 같은 두 볼을 콕 찔러보고 싶고 소년처럼 히죽 웃을 때면 나도 따라 배시시 수줍은 입꼬리를 올려보고 싶어요. 당신은 알고 있나요. 당신의 오른쪽 입꼬리와 뺨에 보조개가 자리 잡고 있다는 것을요.

　아주 잠깐 눈 마주쳤을 뿐인데도 몸달아해요. 그러다 금방 고개를 내릴 시엔 넌 참 붉어질 일도 허다하다며 다정히 속삭여주기를 원해요. 나지막한 음절 사이사이마다 함부로 목숨을 끼워보고 싶을듯해요. 내 맘대로 연한 분홍 빛깔을 띠며 전부를 걸고 애정할듯해요.

차디찬 나의 손 위로 따스한 당신의 손이 포개어집니다. 나와는 달리 당신의 손은 사계절 내내 따뜻하다 하네요. 이것도 운명처럼 여겨진다면 심각한 거겠지요?

뭐든 경계하기 바쁜 내게,
당신은 안식처랍니다

　　　　　　　　　　᠉᠉᠉

　　　　　᠌᠌᠌

　　　　　　　✢

　투명한 사람이어서 좋아요. 무슨 꿍꿍이가 없는 사람인 것 같잖아요. 뒤에서 허튼짓하는 사람도 아닌듯하고. 남을 속이는 재주는 더더욱 없는 사람 같았어요. 게다가 이 사람은 표정으로 훤히 다 보이거든요. 지금 느끼는 감정이 무엇인지 어떤 생각을 하고 있는지 말이에요.

　이 사람의 화난 얼굴. 슬픈 얼굴. 토라진 얼굴. 기뻐하는 얼굴. 즐거워하는 얼굴. 신이 난 얼굴. 부끄러워하는 얼굴. 당황한 얼굴. 몽땅 뚜렷해요. 때때론 애매한 얼굴로 헷갈리게 하는 경우도 있다만 대부분 곧이곧대로 선명히 드러나는 사람이에요.

심지어는 이 사람, 말하는 부분에 있어서도 솔직하답니다. 비록 그게 진담인지 사탕 발린 말인지 분간해 낼 수는 없으나(초능력자는 아니기에), 왠지 모를 진정성이 느껴져 경계를 허물게 돼요. 난 늘 사람을 의심하고 경계하는 태세를 갖추고 살아왔거든요. 때문에 누구를 만나든 간에 항상 신경을 곤두세우고 방어해야 했기에 불편할 수밖에 없었어요. 불안함은 필수로 붙어 다녔고요.

한데 이 사람은 진짜 달라요. 간혹 너무 솔직함으로 인하여 서운해질 때도 있지만 신뢰가 가요. 같이 있을 경우 마음이 편안해져요. 비유하자면 길고 긴, 아주아주 고되고 버거웠던 오랜 여정을 끝내고 돌아와 누운 따뜻하고 푹신한 내 방 침대 같아요. 더불어 이불을 끌어와 덮어주고 이마를 짚어주는 익숙한 손길 같단 의미예요.

그리하여 좋아요. 좋아해요.

단언컨대 당신이랑
늙어가는 일은 재미나겠군요

>>>

<<<

당신을 위해 제작한 케이크. 당신에게 읽히기 위하여 밤새 쓴 편지 두 장. 당신과 손을 잡고서 먹으러 간 짬뽕 가게. 사이좋게 나눠 먹던 탕수육. 마지막 한 개까지 네가 더 먹으라며 실랑이를 벌이다가 끝으론 반반씩 나눠 먹기도 하는.

당신이랑 있는 한은 추위를 느낄 수가 없어요. 까닭은 당신의 체온이 나보다 한층 높기 때문이려나요. 손이 자주 차가워지는 나인 반면, 당신은 언제나 따뜻한 손난로 마냥 온기를 품고 있지요. 당신을 안고 있을 시, 더할 나위 없을듯한 편안함이 생겨요. 딱히 무언가를 하지 않아도 안정감을 느껴요.

이 모든 것들이 당신이 투명한 덕분인가. 그간 난 누구를 만나든 간에 불안에 떨었거든요. 도무지 속을 알 수 없어 별것 아닌 말장난에도 괜한 의심을 품고서 눈을 게슴츠레 뜨기 일쑤였거든요. 아무한테도 잡히고 싶지 않아서 줄행랑치기 십상이었어요. 그런데 당신 손바닥 위에 얌전히 아빠 다리를 한 채 앉아있는 나는, 도대체 왜 이러는 걸까요. 이 모습을 한때 사랑이라 착각했던 이들이 본다면야 기가 차다 할 듯해요.

난 언제나 당신이 잡을 수 있는 위치에 있고 싶어요. 식은땀을 뻘뻘 흘리며 깨어나, 손을 뻗은 곳에 놓인 물수건이 되고 싶고요. 당신이 한껏 지친 날, 몸 눕히면 존재하는 침대가 되고 싶어요. 어디서든 갈증을 해소할 수 있는 물통이 되고 싶기도 하고. 어느 상황에서든지 외부 소음을 차단해 주는 이어

폰이 되고프기도 해요. 입이 심심할 때 오물거릴 수 있는 껌도 나쁘지 않겠네요.

내가 당신을 사랑하는 방식이 과연 당신 마음에 들지 모르겠어요. 내일은 우리, 무엇을 하며 사랑을 확인하는 시간을 가질까요? 아니다. 사실상 사랑을 확인하지 않아도 상관없어요. 내가 당신이랑 함께 하는 이 모든 순간이 전부 사랑투성이 아니겠어요. 아낌없는 사랑을 전송해요. 답변이 오니 좋네요.

당신이 아주 먼 훗날, 더 이상 나를 사랑하지 않게 된다 한들 변함없이 우두커니 사랑을 얘기하겠습니다.

다소 낭만적인 고백은 아니겠다만요.
당신이 나이 들어가는 모습을
가장 가까이에서 지켜보고 싶어요.

사랑이 아닌 것이
단 한 가지도 없어서

›››

‹‹‹

᛭

 사랑이라고 단 한마디도 언급하지 않았으나, 그럼에도 불구하고 당신을 대하는 나의 모든 면을 통해 사랑임을 드러낼 수 있으면 뿌듯하겠어요. 대가 없는 사랑을 실천해 본 적이 있나요. 몇몇 사람들은 무언가를 얻기 위해 상대의 환심을 사고, 뒤에서 나쁜 꿍꿍이를 벌인다고 해요. 하지만 난 그런 거 일절 없어요. 나를 의심하거나 내 사랑을 못 미더워하지 않아도 돼요.

 난 당신이 좋아하는 모습을 보는 일이 좋아요. 물

론 그렇다고 해서 당신의 찡그림을 덜 좋아한다는 소리는 아니에요. 다만 가끔 당신이 아플 뿐이지요. 의외로 당신은 애교도 많아요. 어디서 배워왔는지 모를 말마디들로 나를 웃게 하고요. 개그 욕심이 넘쳐나는 편은 아닌데, 그런데도 희한하리만치 재밌어요. 성대모사도 잘하고요. 개인기도 수두룩하고요.

때문에 잠깐 토라지다가도 속수무책으로 무장해제될 수밖에 없어요. 개구진 아이 같은 모습에 두 팔 뻗어, 도로 당신을 끌어안을 수밖에 없는 거예요. 언제나 그렇게 천진한 눈으로 나를 바라봐 주세요, 하고 싶어지는 거예요.

당신은 눈매가 진짜 멋지거든요. 깊고 진해서 어떨 때는 화를 내고 있지 않음에도 매서워 보이지만, 또 어떤 때는 물결을 비춘 것처럼 일렁이고 우주에 피어난 행성인 양 빛나거든요. 난 매일 연구해요. 고민하고 생각해요. 어떻게 해야 그 똘망한 눈망울과 무언가 담겨있는 듯한 눈매에 사랑이 가득 들어차도록 할 수 있는지 말이에요.

요새는 당신과 만나다 보니 좋아하는 음식도 바뀌어요. 본래 그냥 그렇다며, 심드렁하게 생각했던 음식들이 당신이랑 먹었다는 이유 하나만으로 가장 먹고 싶은 음식이 되고 더 맛있는 것 같고 그래요.

곧 봄이 올듯하네요.
봄 내음이 풍겨오네요.
단둘이 어디 꽃구경이나 갈까요?
정말로 행복할 것 같지 않나요?
우리 손 잡고 걸어요.

설령 사랑을 느꼈다고 하여도 유효기간이 짧았고,
상대보다는 나 자신이 더 중요하기 때문에
별안간 뒷전이 되곤 했어요. '나 하나 챙기기에도 버거워'하여
주말엔 집에서 드라마를 보고 배달 음식을 시켜 먹는 게
최고였어요. 한데 뭐라고나 할까요?
당신을 좋아하게 된 후로는 뭔가 달라요.

카페 홍제멘션 에스프레소 바 @ hongje_espressobar

반드시 우리는 우리였답니다

내 인생이 마음대로 뒤바뀔 수 있는 소설이었다면 좋았을 텐데. 당신을 남자 주인공으로 정해놓고서 스토리를 수정해 나갈 텐데. 우리 알콩달콩 콩 키우자, 시답잖은 말장난으로 시작하여 온갖 낯간지러운 짓을 서슴지 않을 텐데. 우리 토라지거나 다투더라도 금방금방 화해하여 응어리지지 않을 텐데. 미운 말은 즉시 지워버리고. 섭섭하게 하는 행동들도 전부 변경해버릴 텐데. 우리가 멀어지지 않도록 애정만 가득한 시나리오로 다시 짤 텐데. 우리를 가로막는 방해 요소 역시 단번에 제거해버릴 수 있을 텐데.

 그리하여 마지막 결말로는 '우리 둘이 결혼해서 서로를 반반씩 빼닮은 아주아주 어여쁜 아이를 낳아 키우며 화목하게 잘 살았답니다'로 마무리 지을 텐데. 후로는 시리즈물로 다양한 결혼 에피소드를 이어나갈 텐데.

 뾰족한 송곳니처럼 아프지 않고 슬프지 않을 수 있을 텐데. 우리의 운명은 결국 서로였음을 이야기할 텐데.

그해 여름날은
여전히 이어지고 있어요

"

"

 대충 여름쯤이었나요. 슬슬 벌레들이 사방을 지배하려 시동을 거는 모양이었어요. 친한 사람 넷이서 건너편에 있는 이마트24 편의점으로 향하던 참이었죠. 한데 불쑥 엄지손톱 만한 크기의 까만 벌레가 내 쪽으로 붕 날아온 거예요. 어럽쇼? 각도상으로 보니 신발에 내려앉을 태세를 갖추고 있었어요.

 어림없지. 마침 온종일 신경이 날카로웠던 탓인가요. 평소라면 질색하고 피했을 거, 도전장으로 받아들이겠다며 덩달아 점프를 뛰었어요. 몸이 위로

올랐다가 떨어졌죠. 녀석의 바로 코앞에서 착지했답니다. 아니, 그런데 이게 무슨 일이람. 벌레가 죽은 거예요. 죽었는지, 기절한 건지. 아무튼 배를 보이며 뒤집어졌어요. 황당 그 자체였죠. 진짜로 밟은 건 아니었거든요. 결백해요. 연이어 식겁한 H의 음성이 들려왔어요.

"헉 설마 죽인 거야?"

저… 그러려던 건 아녔는데요(진짜). 당황해서 얼굴이 붉어졌습니다. 두 눈 동그란 H를 응시하니 불현듯 드라마 〈나의 아저씨〉 속 한 장면이 떠올랐어요. 바로, 극 중 박동훈이 사무실 내로 들어온 무당벌레 한 마리를 잡지 못하고서 내뱉은 대사였죠.

"마음에 걸리는 게 없으면 무얼 죽여도 문제없어. 그런데 마음에 걸리면 벌레만 죽여도 탈 나."

사이좋게 핫바를 하나씩 손에 쥐었습니다. 전부

천사 H가 결제한 거였어요. 전자레인지에 돌린 뒤 오물거리며 바깥으로 나왔어요. 그리고 그 순간, 다시금 벌레가 다가왔답니다. 반사적으로 다리를 휘두르려다 흠칫했죠. 내 시선은 H에게 닿았어요. 빙그레 웃더군요. 왜 눈치를 보느냐며. 대꾸하지 못했죠.

마음에 걸리는 게 수두룩하다고 솔직하게 말하지 못했어요.

항상 과거를 되돌아보며, 내가 했던 선택을 몽땅 반대로 했을 경우 좀 더 나았을까? 생각해요. 부질없는 짓이지만요.

종종 비밀이 많은 사람이라는 소리를 듣거든요. 후회되는 것들이 한가득인지라, 더는 그럴 일들을 만들고 싶지 않아서 조심하게 되는 듯합니다.

간혹 처음부터 다시 살고 싶어져요(웃음).

**너무 좋아해서
도망치고 싶어져요**

〉〉〉

〈〈〈

　너무 좋아하면 도망치고 싶어지는 기분을 알고 있나요. 이 사람을 좋아함으로 인하여 스스로가 낯설어지는 느낌을 받은 적이 있나요. 별것 아닌 일에 괜히 질투가 나서 견딜 수 없고 미세하게 달라진 태도에도 날 혹시 싫어하게 되었을까 봐, 안절부절못하게 되는 심정을 경험해 봤나요.

　우리 다툴 경우 생각해요. 차라리 지금 헤어지는 편이 나을 수도 있겠다고요. 이게 무슨 바보 같은 소리냐 할 수 있겠다만. 당신이 나를 조금이라도 더 좋은 사람으로, 그러니까 조금 더 나를 좋아하는 이 찰나에 달아나고 싶은 거예요.

나중 가면 마음이 낡고 희미해질 듯하여서요. 분명 서로에게 더욱더 실망할 일이 생길 것이 뻔하고 미움이 커질 경우가 다분하니까요. 더 다양한 나를 경험하고 알기 전에. 내가 당신한테 어리광 부려 질리도록 행동하기 전에. 어쩌면 끝을 내는 쪽이 나을 거예요.

이게 그 몹쓸 지난 기억을 기반으로 한 선택일 수도 있고 아닐 수도 있어요. 그냥 이런 생각이 종종 들어요. 당신은 기분 나쁘다고 하나, 난 왜 자꾸 우리의 마지막이 대충 어림잡아지는지 모르겠어요. 나는 연애를 하지 않아야 해요. 나의 모든 면을 이해해 줄 사람이 반드시 이 지구상에 존재할 거란 소설스러운 얘기도 믿지 않아요. 드라마틱한 반전을 꿈꾸지도 않아요.

평생 외로울 사주란 말이 맞는 것도 같아요. 의심을 버리지도 못할 것이 훤하고요. "너는 사람을 외롭게 만들어" 과거에 들었던 일침이 얼추 맞는 것도 같고요. 달라질 수 있는 거 아니냐고요. 그럴 거라면 진작에 그러지 않았을까요?

도로 나의 평정심을 지키고 싶어요. 평화롭던 시기로 돌아가고 싶어요. 누군가로 인해 오르락내리락하는 기분을 냅다 잡아두고 싶어요. 뜀박질하는 심장을 곧장 진정시키고 싶어요. 좋아한다는 이유 하나만으로 허락되는 무언가가 없도록 뒤바꾸고 싶어요.

결국에 사랑은 사람을 아프게 할 뿐이에요. 아니란 말 듣고 싶어서 하는 투정인 거 알겠지만요. 하지만 또 한편으로는 평생을 사랑이라고는 모른 채 살아갈 수도 있는 노릇이었는데, 운 좋게 당신 만나 알았으니 고맙다고 해야 할까요?

나는 자꾸 유치해지고 어려지고 당신 앞에선 꼴불견입니다. 머잖아 이 모든 것들이 '좋아해서'로 용서되지 않는 날이 올 테지요.

도망가고파요. 전력을 다해 당신으로부터 멀어지고파요. 섭섭한 소리이겠으나, 당신이 나를 약간이라도 더 사랑할 때 멈추고 싶어요. 결코 공감할 수 없을 테지요.

당신을 덜 좋아하고 싶어요.

내 사랑이 당신에게
자랑이 되기를 바라요

당신이랑 매일 같은 곳에서 눈을 뜨면 어떤 기분일까요? 아침에 제일 먼저 맞이하게 되는 얼굴이 당신이라면, 기쁠 수 있으려나요. 요리엔 영 소질이 없어 간단한 라면 하나 못 끓이는 축에 속한다만, 당신을 위해서라면 당신이 좋아하는 음식을 진종일 연습하여 한 상 가득 차려줄 수 있어요. 당신을 배웅하는 일도, 마중 나가는 일도 전부 내가 하고파요.

당신에게는 이러한 고백이 부담으로 들릴 거 알아요. 그래서 나 혼자 하고 나 혼자 듣습니다.

요즘 결혼하는 친구들이 부쩍 많아졌어요. 하나 둘씩 제 짝과 영원을 약속하기로 했다며 소식을 전하고는 하는데요. 난 그럴 때마다 훗날의 나는 어떠려나 상상해 보고 그래요. 한데 희한한 것이 그 장면이 잘 그려지지 않는 거예요. 이게 무엇 때문이라고 콕 집어 말할 수는 없겠다만 왠지 그런 형언할 수 없음에 빠지는 일이 종종 있어요. 당신을 안고 있을 시엔 이토록 꿈결 같을 수가 없는데 말이에요.

너무도 꿈같은 사람인지라, 혹 너무나 꿈같은 사랑인지라 이러한 불분명함에 시달리게 되는 것일까요?

그럼에도 사랑을 단 한 번도 의심한 적은 없어요. 사랑이 아니면 어쩌지, 란 고민 자체는 잠깐조차 발 담그지 않아요. 창문을 내린 듯 기나긴 속눈썹을 곱게 닫은 채 잠들어있는 당신. 조금만 뒤척여도 깨어날까 봐 숨죽여요. 그 얼굴을 빤히 바라보는 일이 내겐 행복이에요. 간혹 당신은 이렇게 마주할 때면 왜 그렇게 보느냐 묻기도 한다만. 오래오래 눈에 담고 싶어요. 오늘의 당신을, 당신이 잊는다 한들 내가 기억할 수 있도록 말이에요.

코를 골아도 귀엽고요. 실수로 나온 부끄러운 소리도 사랑스러워요. 내 유한한 시간을 당신과 나눌 수 있어 행운이에요. 이제 내가 이전에 누구를 만났는지 중요하지 않아요. 어찌 되었든 간에 이 삶을 되돌아본다면, 당신을 가장 먼저 떠올릴 것 같아요. 나의 모든 감정이 당신으로 인하여 세세하게 여러 갈래로 나뉘어요. 난생처음 느껴보는 감정에 낯설어지기도 해요. 나에게도 이런 모습이 있었구나,를 깨달았으며 나를 알게 되었어요.

문득, 어떻게 보면요. 사랑만큼 나를 가장 잘 알게 해주는 것도 없는듯하단 생각이 들어요. 사랑하며, 그러니까 사람과 사람이 만나 연애라는 것을 하며, 본인이 가진 결핍을 알게 되고 본인의 민망한 민낯, 본인의 취향과 본인이 좋아하는 면모, 싫어하는 점들을 점차 뚜렷이 알게 되는 것 같아요. 그리고 그럴수록 그 과정 안에서 스스로가 끔찍해지기도 하고 가여워지기도 하며 나름 뿌듯함과 대견함을 느끼기도 합니다. 모쪼록 사랑은 사람을 성장하도록 만드니까요. 이 밤에 주저리주저리 말이 많았네요.

짧게 간추려 하고픈 말은, 고작 당신이랑 하루의 시작과 마무리를 함께 하고 싶다는 거였는데 말이에요. 당신을 조금 더 성숙하게 사랑하고 싶습니다. 괜한 것들한테 질투하지 않고 괜한 불안감에 사로잡히지 않은 채. 괜한 걱정들과 괜한 사사로운 것들에게 휘둘리지 않은 채. 나의 어설픈 다정을 당신 한정으로 두며 언제든 뒤돌아볼 때마다 우직하게 서있고파요.

부디 미성숙한 내 사랑이 무럭무럭 커가는 모습을 자랑스러워해 주세요. 옆에서 계속 계속 친절히 사랑을 가르쳐 주세요.

당신에게 잘 보이고 싶은 마음에
노력을 하게 돼요

언제고 나는 당신에게 의미 있는 인물이 되고자 심혈을 기울일 거예요. 진심은 반드시 통한다고 하지만 늘 내 사랑은 그런 편이 아니었거든요. '내 사랑이 부족했던 건가?' 의구심이 들 지경으로 말이에요. 오죽하면 예전에는 '진심은 통하나요'라는 문장을 검색했다가 망연자실한 적이 있어요. 지식인에 달린 '아니요, 그렇지만은 않습니다'란 답변을 봐버렸기 때문이었죠. 그러나 지금은 생각이 조금 달라요. 진심이 통하지 않아도 좋아요. 그저 단순히 당신한테 나의 진심이 해가 되지 않기만을 바라요.

하루의 모든 시간을 통틀어 가장 많이 하는 짓은 당신을 떠올리는 것이에요. 당신의 마음에 좀 더 깊숙이 파고들고자 이래저래 연구를 많이 하고요. 당신이 싫어하는 점과 좋아하는 점을 분간하고자 합니다. 싫어하는 것은 가급적이면 자제하고 싶고요. 좋아하는 것이라면 더더욱 빈번하게 행하여 자주 즐거움을 주고 싶어서요.

매일 옷 가게를 들락거려요. 관심 없던 화장품 가게와 소품샵도 마구마구 쏘다녀요. 혹여나 타인이 당신의 마음을 빼앗을까, 항상 노심초사하는 나예요. 비록 절대 그럴 리 없다고는 한다만 그 누구보다도 예쁘장한 사람으로 각인되고자 하는 유치한 마음에서 비롯되어요. 그렇기에 간혹 볼멘소리를 하게 되는데요. 이 세상에는 왜 이리도 예쁜 사람들이 넘쳐나는 건가, 하면서요. 특히나 당신 주변에 총집합한듯하여 기분이 언짢아지고 그래요.

지인 중 한 분이 이런 말씀을 하기도 했는데요.

'나이를 먹을수록 상대를 좋아하는 마음을 제어할 수 있게 돼'라고요. 난 한 살 한 살 더 나이를 먹어가며 필히 그런 능력을 얻을 수 있기를 기대했으나 전혀 해당하지 않아 버거울 수밖에 없었어요. 여전히 사랑에 몸달아 하고요. 진담 아닌 농담에 쉬이 웃어요. 아무에게나 헤프지 않거든요. 한데 한 명에게 꽂힐 시, 그 사람한테는 작정하고서 다 퍼주려 할 정도로 헤퍼지기도 해요. 친구들의 만류에도 불구하고요. 어떠한 위기도 내겐 어림없지요.

 소원을 빌고 있는 당신을, 짝사랑 중인 사람 마냥 볼 붉히며 들여다보아요. 길고 긴 당신의 속눈썹이 차분히 가라앉았네요. 가지런히 정리된 속눈썹이 마치 촘촘한 참빗 같군요. 무슨 소원을 빌었냐는 물음에 돌아오는 대답은 '비밀이지'에요. 소원은 말하면 안 된다며, 나는 이런 당신을 사랑스러워 죽겠다는 눈으로 바라봅니다.

 당신의 소원에 나와의 미래가 포함되어 있으면

좋겠다, 나 역시 소원하면서요. 평생 우리의 기념일을 축하할게요.

어쩌면 우리는
서로가 슬퍼서 끌린 걸까요

〉〉〉

〈〈〈

난 원래 불안을 껴안고 살아요. 습관처럼 안 좋은 망상을 하곤 곧이곧대로 일어날까 봐 미리 가슴 졸이곤 해요. 수시로 멍해진 채로 무의식 상태에서 한숨이 절로 나오기도 해요. 당장 벌어진 일도 아니잖아요. 한데 소설가가 된 마냥 나쁜 일은 세세하고 꽤나 그럴싸하게 그려진단 말이에요. 좋은 일들은 단 한 번도 미리 짐작해 본 적 없으면서.

행복은 사치라고 생각하는 편이에요. 이런 얘기 굉장히 시시할 수도 있겠으나 난 사실 행복을 믿지 않는 쪽이에요. 불신에 가까우려나요. 그래서 행복한 감정이 들 때면 금방 지워버리곤 해요. 왜냐, 난 필히 그런 식이었거든요. 행복 뒤엔 약속이라도 한 듯 불행이 찾아왔어요. 행복감보다 배로 더 큰 불행이 나를 덮치곤 못살게 굴었어요. 언제나 그랬었냐는 질문에 확답하긴 애매하다만, 기억 속엔 죄다 그런 것들뿐인 듯하니 그렇다고 해도 되는 거려나요. 사람은 뭐든 안 좋은 기억만 선연하게 오래 간직하는 경향이 있어 그럴 수도 있겠지만요. 난 좀 더 그런 면이 다분하기도 해요.

여하튼 간에 이런 나를 당신이 좀 신경 써주었으면 좋겠어요. 강압적인 태도로 하는 소리는 절대 아니니 오해하지 마요. 단지 부탁이에요. 난 혼자 두면 생각이 많아지는 사람이에요. 때문에 혼자 두는 상황이 빈번히 발생할 경우 대뜸 끝을 말할 수도 있어요. 그때 가서는 되게 이기적이다,라고 꾸짖을 수도 있겠으나 되돌아보면 넌지시 내가 은근 티를 자주 냈을 수도 있어요.

나를 혼자 두지 말아 주세요. 예쁘다 해주고 머리를 쓰다듬는 손길에 온기를 실어주세요. 안정감을 주세요. 불안함이 심해질 시엔 매번 손톱 옆 살갗을 뜯고 다리를 떨며 입술을 깨무는 나를 알아봐 주세요. 잠잠해질 수 있도록 팔을 끌어당겨 세게 안아주세요. 괜찮을 거란 음성은 수십 번 들어도 질리지 않으니 계속해서 되뇌어주세요. 다소 거친 말투는 무서워요. 짜증 섞인 표정도 두려워요. 과거를 되살아나게 하는 사소한 모든 것들이 괴로워요.

오늘은 재미없는 내 얘기만 주야장천 떠들고 있네요. 혹여나 이런 나의 속 사정을 듣고서 당신이 한달음에 달아날 수도 있는 노릇이지만, 숨기고 싶지 않아요. 나는 이렇습니다. 칭얼거리는 거 아니고요. 그냥 이래요. 당신이 현명한 사람이라면 내 곁에 오래 남을까, 골똘히 얼굴을 들여다보게 되어요. 그 얼굴에도 슬픔이 달라붙어 있는 듯한데.

어쩌면 우리는 서로가 슬퍼서 끌린 걸까요. 서로

의 결핍이 서로를 불러와 여기까지 오게 만든 걸까요. 며칠 전 보게 된 유튜브에서 이옥섭 감독님이 하신 말씀이 인상 깊어요. 결핍과 결핍이 만나면 절대 떨어질 일이 없다고 하시더라고요.

우리도 그럴까요?
이 많은 인구 속에서 우리가 만나게 된 데에도 분명 이유가 있지 않을까요?

만사가 피로하다고 느끼게 되는
한 주가 있는데요.
그럴 때엔 사랑하는 이의 품에
푸욱 안겨 온전히 체온만으로
따뜻해지기를 원하게 되지요.
고생했다는 말 한마디가
참, 별것 아닌듯싶은데도 되게 좋아요.
잔뜩 경직되었던 몸을 노곤해지게 하잖아요.

카페 홍제멘션 에스프레소 바 @ hongje_espressobar

어떠한 감정 상태에서든
다정을 약속할게요

'난 이제 당신이랑 떨어질 수 없는 몸이 되어버렸어' 이런 말에 너털웃음 지어버리고요. "얼굴만 보고 갈게"란 말이 우리에게 곧이곧대로 행해질 리 없단 거 알잖아요. 마주한 순간부터 집에 가기 싫어 온갖 주제를 다 끌어와 대화를 이어가려 하는데요. 목에 팔을 두른 채 떨어지기 싫다며 질척거릴 내가 훤하잖아요. 마치 어린애가 부모와 멀어지면 불안해하는 것과 비슷한 모양새를 보이잖아요.

내게 가장 시시한 시간은 당신이 곁에 없는 모든

시간이요. 나한테 제일 행복한 순간은 물어볼 것도 없이 당신이랑 꽁냥거리는 순간이요. 잠깐 당신이 미워져도 금방 다시 좋고요. 생각이 많은 나인지라 당신의 마음을 함부로 의심한 적이 수도 없이 많다만, '그럼에도 불구하고' 끝으론 나를 사랑하고 있는 게 분명하다며 멋대로 괄호를 채우곤 흡족해해요.

며칠간은 당신과 투닥거리기도 하고 일도 산더미로 쌓여버린 터라 쉽지 않았는데요. 내일부터는 좋은 일들만 수두룩할 테지요. 당신도 고생했어요. 아프다는 배를 문질러주며 옆에서 나란히 잠들고파요. 여행이나 가자고 하고파요. 모든 걸 내려놓고서 온전히 둘만의 시간을 보낼까요? 가서 오붓하게 맛있는 것도 먹고 영화도 보며 신나게 지난 일화를 풀다가 추억의 게임도 하고 일상을 치유하는 시간을 가져보도록 할까요?

이를테면 제로 게임이나 abc 게임 말이에요. 저번에 연달아 당신이 지는 바람에 입술을 댓 발 내밀고 그랬던 게임이요. 무척이나 귀여워 단숨에 업은 채 폴짝 뛰어버리고픈 충동을 겨우 참았답니다. 반대로 핸드폰이나 컴퓨터로 하는 게임은 매번 내가 패배하는 쪽이잖아요. 열 번 중 한 번을 이기지 못해 씩씩거리게 되잖아요.

생각해 보니 당신은 잘하는 것도 많고 여러 분야로 지식도 폭넓어요. 덕분에 나의 부족함을 당신을 통해 채우고 있는 듯하네요.

저물어가는 해는 내일이면 다시금 떠오를 테고 당신을 향한 나의 애정은 좀처럼 형체를 감추지 않을 거예요. 사랑은 다양한 형태로 존재한다고들 하는데, 난 어떠한 형태로 변하든 간에 항상 다정은 잃지 않을게요.

**내 사랑엔 거짓이 없으니
걱정하지 않아도 돼요**

〉〉〉

〈〈〈

누구든 사랑이 성사됨에 있어 가장 좋은 점은 무엇보다도 그 사람의 체온을 알 수 있다는 것 아니려나요. 그 사람의 뺨이 나의 뺨에 닿는 온도와 감촉을 알 수 있다는 점. 그 사람의 손을 잡았을 때 쏙 들어맞는 크기와 손깍지 끼었을 적 감싸오는 포근함. 손이 찬 나와는 반대로 따뜻한 당신의 손에 우리는 역시 잘 맞는구나, 내심 설레하는 면. 당신을 빈틈없이 끌어안았을 때 우리의 키 차이가 얼마나 되는구나 실감하고 체구의 다름을 확연히 느껴보는 점.

또한 그런 것도 있지요. 당신에게 보고 싶으면 보고 싶다고 말할 수 있고. 사랑한다고 독백 아닌 실제로 가닿을 수 있도록 직접적인 표현을 할 수 있다는 점이요. 우리가 붙어있어도 전혀 이상하지 않고요. 우리가 서로를 바라보는 눈동자에 서로의 얼굴을 진득이 담아도 일말의 낯섦조차 없음을 감사할 수 있잖아요.

난 가만히 누워 당신 얼굴에 자리 잡은 점의 개수를 세어보는 일이 좋아요. 이대로 아침이 와도 당신이 여전했으면 좋겠어요. 당신을 가득 안을 시 오늘의 미움은 전부 잊힐락 말락 한데요. 한없는 노곤함 속에서 그저 편안히 잠들고 싶은 심정만 빼곡해져요. 낭만을 아는 당신의 낭만 안엔 언제나 내가 포함되기를 꿈꾸며 말이에요.

술기운에 알딸딸해진 당신이 주저앉던 날을 떠올려요. 내가 주었던 선물이 깨지는 바람에 곧장 엉덩이를 대고 앉아 눈가를 붉히던 장면을요. 당신은 동그란 입을 축 늘어뜨리며 말했지요. 당신한테 제일 소중한 것이라고. 웃음이 날 수밖에 없었는데요. 몇 번이고 당신의 머리를 쓰다듬었어요. 빈말일 수도 있겠으나 당신의 진심을 엿본듯하여 반가웠다고나 할까요?

나는 정말로 당신이 소중해요. 그런 당신에게도 내가 소중해졌으면 하는 마음은 욕심이라 해도 어쩔 수 없잖아요. 역시나 당신을 세상에서 제일 좋아합니다. 이런 건 감히 거짓으로는 벙긋 안 돼요. 난 사랑을 연기하지 않아요.

**내 손을 잡고
이 현실로부터 도망가주세요**

〉〉〉

〈〈〈

🌿

   그냥 당신이랑 한적한 곳에 가서 길게 눈 맞추고 싶어요. 그 누구한테도 쉽사리 못 꺼낸 속사정 같은 거 털어놓으며 말이에요. 난 사실 당신이랑 단순히 오랜 친구이고 싶기도 했는데요. 그래야만 꼭 이별이 없을 듯해서요. 하여간 당신이랑 도피라고나 할까요. 왠지 여행보다는 이러한 표현이 훨씬 더 낭만 있어 보이긴 하네요. 당신이 또 낭만이라면 껌뻑 죽고 그러잖아요.

   당신과 현실도피나 홀가분하게 떠나서, 우선 밥

을 차려 먹은 뒤 설거지를 하고 낮잠을 자고 싶어요. 그러다가 느지막한 오후쯤 일어나 동네 슈퍼마켓에 가는 거예요. 그곳에서 군것질거리를 왕창 사서 돌아오는 거죠. 그 사이 아이스크림 두 개를 오물거리고. 손에 들린 비닐봉지를 허벅지에 스치며 부스럭거리는 소리를 내고. 이외로는 풀벌레 우는 소리, 바람 부는 소리, 개울 물결치는 소리 같은 게 들려오면 좋겠군요.

당신이랑은 불필요한 말이 필요하지 않을 거 같아요. 왜, 침묵이 어색해서 괜히 하는 실없는 대화들 말이에요. 이를테면 누군가를 깎아내리는 주제. 오늘 뭐 했는데, 어제는 뭐하려고 했는데, 이런 거.

평소에는 눈치 봐가며 행동해야 할게 너무너무 많아요. 말이라든가 행동이라든가. 심지어는 표정조차 나 편하자고 짓는 게 없어요. 쓸데없이 남들 장단 맞추고 비위 맞추는 데에 감정을 할애해야 하고요. 어쩔 땐 누군가 나를 감시하고 있는 듯하기도 해요. 사방에 CCTV가 깔린 것 마냥 그래요. 내가 뭘 잘못하나. 틀리는 거 아니려나. 한 소리 하고자 벼르고 있는 존재들처럼 여겨지고 그래요. 그래서 이 현실 속에선 경계하며 스스로에게 엄격해져야 하거든요.

그러나 당신 앞에선 말이 달라요. 무장 해제되어요. 마음껏 방심하고 흐트러져도 될 것만 같은 기분에 휩싸여요. 이게 내가 당신을 좋아하는 이유가 되기도 하고요. 고로 나는 무지무지 힘든 시기에는 당신과 하릴없이 거닐고 싶어요. 공기 맑은 곳에서 아이스크림이나 까먹으며 나란히 어려지는 상상을 해요. 주변엔 산도 있고 바다도 있고요. 우리를 괴롭히는 방해꾼들만 전부 사라진 상태예요.

아.
이곳에 나를 버려두고서
당신이랑 그곳으로 가 살면 진짜 좋을 것 같네요.

내가 도망쳐야 할 것들 틈에,
당신만 속하지 않는다면 괜찮을 것 같아요.

**다툼이 무색할 정도로
하루에 열두 번은 더 사랑하고**

〉〉〉

〈〈〈

 자주 잔기침을 하는 당신에게 차를 선물해요. 다양한 종류의 티 세트를 보냈으니 카페인은 이만 줄이고서 따뜻한 물에 우려 드세요. 당신을 참 많이 걱정했어요. 툭하면 어딘가에 베이고 어딘가에 부딪혀 멍이 들거나 다치기 일쑤인 당신을 말이에요. 옆에서 모쪼록 한시도 떨어지지 않은 채 보살펴주고픈 적이 대부분이었더라죠. 오늘은 새벽에 깨지 않으려나, 잠들기 전 이불을 덮으며 입술을 비죽거려요. 누군가 또 당신을 스트레스받게 하진 않았을까, 이를 바득 갈아요.

당신을 위해서라면 뭐든 두 팔 걷고 나서 으름장을 놓을 수 있어요. 이 지구상에서 영웅은 될 수 없다만 당신만을 지키는 유일한 사람으론 거듭날 수 있어요. 당신의 말 못 할 고달픔까지 내가 안아줄게요. 나의 실재와 관계없이 온전할 수 있는 당신이기를 바라며 든든히 서 있어 줄게요. 작은 일에도 큰일을 해낸 듯 칭찬해 주고 환호해 줄게요. 두 다리가 되어주고 두 팔이 되어줄게요. 당신의 이상을 실현해 주도록 할게요. 낭만을 함께 이뤄요.

우리가 마치 영화 속 주인공이라도 된 양 행동해요. 거세게 비가 내리는 날, 아무도 없는 거리를 뛰어볼까요? 소리라도 지르면 그동안 묵힌 설움이 후련해지지 않으려나요. 정상에 올랐다가 미끄러지듯 내려가고. 인적 드문 공간에 텐트 하나 설치해 놓은 채 불을 피운 뒤 멍하니 넋 놓고. 당신이랑은 한적한 시골에 살아도 재미날 것 같아요. '원래 시간이 빨리 가긴 하는데 좋아하는 게 있으면 더 빨리 가는 것 같아' 이 말을 들은 찰나부터 오래도록 기억하리란 다짐을 했지요.

간혹 궁금해요. 당신은 내가 무엇도 되지 않는다 한들 꾸준히 한결같은 마음을 보내줄 수 있나요. 나를 언제까지 지극정성으로 사랑해 줄 수 있나요. 사랑하는 것보다 사랑받지 못할까 봐 두려웠던 시기가 있다지요. 원래 변하지 않는 건 없다잖아요. 물론 사랑은 여러 형태로 존재하는 거라고들 한다만요.

어수선한 세상과 복잡한 일상, 확신에 찬 예고와 달리 틀려먹는 날씨 안에서 예측 가능한 사랑을 줄곧 전해주세요. 오해하지 않을 말마디들을 자상하게 건네주세요.

'행복해?' 종종 묻곤 하죠. 나를 선택한 짓을, 결코 후회하는 순간이 없기를 원해요. 나는 무엇으로 자리 잡고 있나요.

하나뿐인 나무가 될 테니
쉬다 가세요

》》》

《《《

　내가 당신에게 두고두고 자랑으로 남았으면 하는 마음을 전해요. 당신한테 선한 영향력을 끼친 사람이라고 기억되고 싶어요. 다른 사람들은 다 내가 틀렸다고 해도 돼요. 내가 잘못되었다며 손가락질해도 상관없어요. 오롯이 당신만이 날 향한 눈빛에 온기가 심어져있다면, 나 그것만으로도 충분히 잘한 인생이라고 나름 뿌듯해하도록 할게요.

　당신은 왜 나를 좋아하나요. 이유가 없음은 가끔 애매해지는 감이 없잖아 있지 않나요. 나는 수없이 찾으려 노력하기도 했어요. 하루를 골몰하면서까지 말이에요. 당신과 내가 만난 이유. 당신을 사랑하는 이유. 난 뭐든 간에 이유가 있어야 하거든요. 결국엔 까닭이 사랑을 만든다고, 그런 얼토당토않은 구구절절을 좀 아꼈거든요. 한데 그게 진짜 사랑이었나 싶기도 하고요. 이유가 사라지면 사랑도 사라지는 건가, 혹 아님 사랑이 사라져도 이유가 남아 괜찮은 건가. 아직도 사랑에 한참 무지하단 판단이 내려질 적엔 맥을 추리지 못하곤 해요.

확실히 따지고 보자면 당신이 모든 방면에서 특출나긴 했어요. 나보다 잘하는 게 많았으니까요. 남들은 모르는 당신의 총명함, 난 알고 있었어요. 어느 날은 당신의 현명함이 날 선택한 거라고, 그런 식으로 무작정 믿고픈 구석도 있었지요. 막무가내로 긍정을 엮어 우리를 이어버리는 거예요. 제아무리 휘적여도 쉽사리 떨어지지 않도록 말이에요.

나쁜 말은 듣지 마요. 행복을 경험하기에도 모자

란 순간들이잖아요. 껌딱지처럼 붙어서 서로의 편이 되어주기로 해요. 나는 더 큰 사람이 되어 나무 같은 존재가 될 거예요. 당신이 힘이 들 땐 이리로 와 편히 쉬다 가세요. 햇빛을 가려주고 시원한 그늘을 만들어줄게요. 비나 눈이 와도 한 방울 닿지 못하도록 막아줄게요. 열매를 맺어 배고픔을 달래줄게요.

우리의 사랑은 단편집으로
끝나지 않을 거예요

'우리가 가족이 될 수도 있는 거잖아' 만에 하나 혹은 '만약에'라는 가정에 울고 웃는 나로서는 이러한 말을 들었을 시 이성적인 판단이 불가해진다니까요. 머릿속은 곧장 당신과의 미래까지 상상하느라 분주해져요. 지금 당장 당신의 손을 잡은 채 결혼식장에 발을 들여요. 축하하는 하객을 반기고요. 더 나아가서는 우리를 반반씩 빼닮은 아이를 낳아 품에 안고 있고요. 어쩌면 우린 노인이 되어서도 재미날 수 있을 것 같아, 기대를 품게 된다고요.

설렘으로 풍족해져 도무지 표정을 감출 수가 없어요. 가끔은 밀고 당기기를 해야 한다고들 해요. 튕기는 법도 익혀야 한다고 하더라고요. 한데 나는 그런 건 몰라요. 정말이지 좋으면 좋아요.

당신이 어디에 있든 기다릴게요. 우리가 과거로 돌아간다고 한들 난 당신을 찾아가 말할 거예요. 미래에서 내가 기다리고 있을 테니 걱정 말라고요. 그리고 현재 시점에서도 영락없지요. 언제든 당신을 향해 두 팔 벌려 환대해요. 보통날 문득, 어디론가 훌쩍 떠나 사라진다고 하여도 돌아오기만을 손꼽아 기다렸다가 느닷없이 나타나도 꽉 안아줄게요. 수고했다며 남들은 이해하지 못할 당신의 감정을 헤아려줄게요.

난 당신이 겪어본 상처를 동일하게 주고 싶지 않아요. 그래서 더 부단히 노력하고 있어요. 나 역시 당신을 통해 지난날을 보상받는 듯 치유받게 되어요. 당신을 만나기 위해 그동안 그토록 힘겨웠나 보다, 하면 몽땅 '그러려니'가 되는 거예요. 이러니 당신, 참 대단하지요.

난 당신이 반복하는 모든 행동과 말마디들을 사랑하고. 당신이 익숙해하는 것들과 서툴러지는 전부를 귀여워합니다.

혹시 그때 늦은 밤 했던 통화 기억하고 있나요. 우리 미래를 걱정하느라 애써 선 긋고 끊어내지는 말자고. 나는 쉽사리 대꾸하지 못한 상태로 오래 머뭇거렸다지요. 또다시 사랑에 주저하게 되면서요. 감정을 억지로 억누르는 짓. 경험해 본 사람들은 다 알겠지요. 진짜 못할 짓이라는 것을요.

모르겠습니다. 결말 같은 거요. 인생이 시리즈물로 이어지는 책이라면 다음 권에서도 당신이 등장해야만 해요. 훗날 우리가 가족이 되지 않을 경우… 나는 누구도 만나지 않고 혼자 살 거예요.

3장

카페 룸펜 @ lumpencoffee_

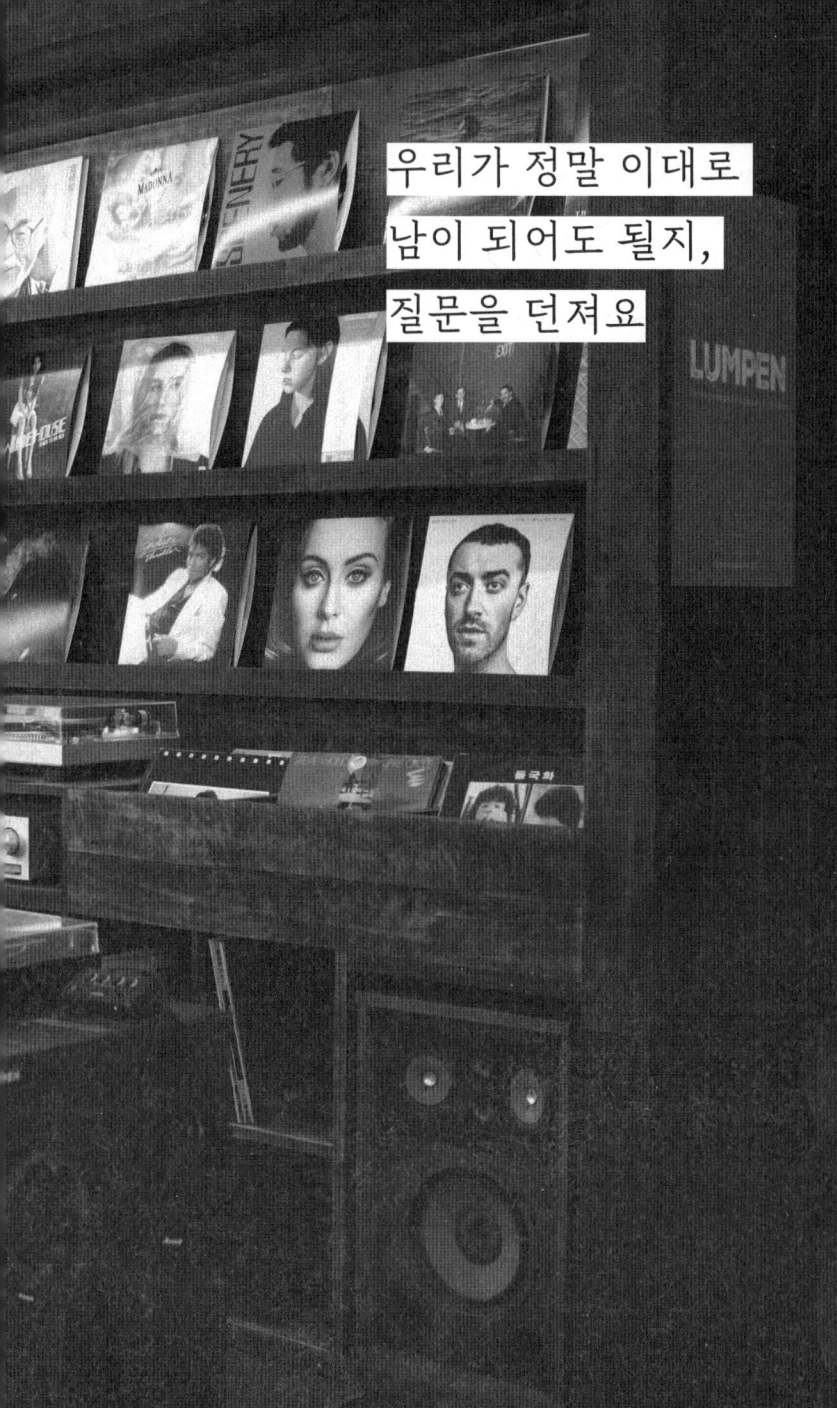

우리가 정말 이대로
남이 되어도 될지,
질문을 던져요

아프지 마요,
더는 챙겨줄 나도 없잖아요

헤어진다고 생각하니까 기분이 이상해요. 좋았던 날들도 전부 이제 없던 일이 되어버리는 거잖아요. 물론 우리가 사랑했다는 사실은 변함이 없다만 이제 더 이상 아침에 눈을 떠 연락할 이가 없겠죠. 일상생활 속 소소한 에피소드를 털어놓을 사람이 없다는 게 며칠간은, 아니 몇 달간은 꽤나 헛헛하겠어요.

당신과 주고받았던 편지를 모두 휴지통에 버려요. 나눴던 메시지를 지워요. 사진을 삭제하고 내 주변을 둘러싸고 있는 모든 선물을 장롱에 처박아두어요.

조금 지나고 나면 괜찮아질 거예요. 원래 이별이라는 게 당장이 버겁지, 시간 지나면 다 흔한 이별이 되는 거잖아요. 특별할 게 뭐 있겠어요. 우리 서로 사랑할 때나 서로가 서로에게 특별한 것이지. 헤어지면 남 아니겠어요. 어떻게 살아갈지 몰라요. 내가 모르는 누군가와 또 다른 만남을 이어갈 수도 있어요. 매번 한차례 연애가 끝난 뒤 그 어떤 이와도 사랑에 빠질 수 없겠다며 온갖 부정적인 감정들을 다 끌어온다만 시간이 흐른 뒤엔 거짓말처럼 또다시 사랑에 눈뜨곤 하잖아요. 사랑을 처음 배우는 아이처럼 굴잖아요.

어차피 똑같이 밥을 먹고. 똑같이 영화를 보며 똑같이 전화하고. 대화를 나누고. 두 사람만의 인생을 공유하게 되는 것뿐인데, 이게 참 한창일 때에는 더할 나위 없어요. 때로는 든든한 지원군이 되어주기도 하고요. 때로는 가장 친한 친구가 되어주기도 해요. 또한 가족이 되기도 하였다가 세상 무너질 듯 싸우는 원수가 되기도 하지요. 연인이라는 게 이렇게 보면 굉장해요. 그날의 기분을 결정하는 인물이 되기도 하니까요. 하루 비중을 제일 많이 차지하죠.

이랬던 사람과 하루아침 사이 남이 된다니 어찌 멀쩡할 수 있겠어요. 차츰 준비해온 이별도 있을 테지만, 여하튼 간에 이별이 마냥 아름다울 수 없고 슬프지 않을 수 없어요. 좋은 사람 만나라는 당신의 말에 묵묵부답으로 일관했어요. 아프지 말라는 얘기에 대꾸할 처지가 되지 못했어요. 당신보다 나은 사람은 없을 거였거든요. 당신한테도 내가 그런 존재였으면 했으나 그렇지는 못할 것 같아요.

우리 잘 헤어져요. 헤어짐 앞에도 '잘'이라는 표현이 어울릴 법한가는 애매하네요. 몸 챙겨가면서 일해요. 당신은 좀 뭐든 쉬엄쉬엄해요. 더는 챙겨줄 나도 없잖아요. 헤어지는 마당에 이런 걱정 소리도 우스워요.

사랑이 지나간 후에 맞이한 주말

⟩⟩⟩

⟨⟨⟨

주말이 조용해졌어요. 달력에 매일 같이 칠해져 있던 동그라미는 빈칸이 되어 밋밋하네요. 오래된 소파에 드러누워 하릴없이 티브이 채널을 돌려요. 그러다 대충 이름 들어본 프로그램이 보이길래 멈춰 세워요. 출연진 전부 깔깔거리며 오디오를 꽉 채우는데요. 피식할 만도 한듯한데 심드렁하니 좀처럼 입꼬리가 올라가지를 않아요. 하는 수 없이 찌뿌둥한 몸을 일으켜 기지개를 켰어요.

창밖으로는 화창한 날씨를 자랑하듯 어린아이와

부모들이 나와 뛰어놀고 있는 장면이 보여요. 간만에 좋네요. 매주 주말마다 비 소식으로 인해 우중충했는데 말이에요. 날씨 영향을 잘 받는 당신을 걱정하는 날도 존재했지요. 비 내리는 날을 달가워하지 않았잖아요. 대부분의 사람들이 그렇겠지만요. 유난히 찝찝해하고 유독 울적해하던 모습이 눈에 선해 신경이 쓰이더라고요.

어쩔 수 없는 거잖아요. 한때 열렬히 좋아했고. 어쩌면 가족보다도 친구보다도 더 많은 대화를 나누며, 서로를 세세히 알려주고 알게 되던 사람을 어떻게 한순간에 잊을 수 있겠어요. 습관처럼 남아 기웃거리게 되는 거지요. 좋아하던 음식을 먹으러 갈 땐 '아 그 사람이 이거 좋아하던 건데…'하게 되고 좋아하던 계절엔 물씬 선명해지며 좋아하던 음악은 우연히라도 들릴 시 우뚝 멈춰 서도록 하잖아요.

특유의 말버릇 손동작, 걸음걸이 등이 덩달아 남아요. 여전히 당신처럼 웃고요. 무심결에 똑같은 행동을 보여요. 나는 우리가 두텁고 튼튼한 관계라고 확신했거든요. 한데 지금 와 보니 모래성에 불과했던 모양이에요. 파도가 한번 휩쓸고 갈 경우 쉬이 무너지는 모래성이요. 파도는 이미 지나간 후이고요. 대비를 하기엔 늦었단 의미이지요.

하지만 굳이 얘기해 보자면요. 잔해는 존재해요. 모래성을 열심히 만들었던 우리 둘의 잔해 같은 거요. 쓰러진 깃발이라든가. 모래 삽이라든가. 모래를 가득 담아 나르던 양동이라든가.

이러다 내가 당신에게서 배운 사랑을 그대로 재현하려 들까 봐 걱정되네요. 문득문득 이와 같은 질문들만 머릿속을 가득 메워요. 사랑은 왜 끝나나요? 끝나지 않을 것 같던 사랑도 왜 끝이 나나요. 분명 행복을 끌어안고 있었는데 왜 아픔이 내게 왔나요.

**당신은 벌써 내가 모르는
얼굴이 되어버렸을 것 같아요**

〉〉〉

〈〈〈

 열 손가락이 허전해요. 매일 깍지 껴 잡던 이의 부재로 인한 것일 테지요. 이제 적응해야 하는데 어지간히를 넘어서 오래된 빈집 같네요. 사람의 손길을 타지 않는 집은 벌레가 모이고 찬기만 가득한 거 알지요. 내가 그렇단 건 아니다만 그냥 비유가 그래요. 나도 나름 잘 지내고 있어요. 나쁘지 않아요. 혼자 이렇게 지내는 거요. 퇴근 후에도 나만의 시간이 있고요. 미뤄뒀던 계획들을 차츰 하나씩 해나가는 중이에요. 친구들도 종종 만나고요.

당신은 어떤가요. 겪어보니 이별, 별것 아니지요. 괜찮을 거라고 했잖아요, 내가. 지금쯤 자유와 해방감을 만끽하고 있으려나요. 밤마다 모임을 가지고 좋아하는 것들을 하는 데에 시간을 할애하고 있으려나요. 바쁘게 하루하루를 즐기고 있으려나요. 벌써 누군가를 궁금해하는 건 아니려나요.

툭하면 자주 눈물을 흘리는 내가 지겨웠을 거잖아요. 이젠 닦아줄 일도, 달래줄 일도, 이해할 수 없는 이유들을 들어주고 있지 않아도 되니 한결 편해졌겠어요. 쓸데없는 나의 걱정과 불안들을 맞장구치거나 잠재워주지 않아도 되니 훨씬 덜 피로하겠어요. 오히려 잘된 일인 듯하군요. 괜히 볼멘소리를 해보아요.

지나고 보면 기억이 미화된다는 말마따나 당신이 나한테 잘해준 순간들만 수두룩 빽빽한데요. 자꾸만 다정한 얼굴이 눈앞에 잔상처럼 남아 일렁이는 게, 흠씬 콧속을 저릿하게 만드는데요.

어제는 혼자 영화를 보러 갔거든요. 원래 당신 만나기 전엔 곧잘 그랬잖아요. 한데 좀처럼 집중하지 못했어요. 모든 사람이 웃는 장면에선 울었고요. 모든 사람이 우는 장면에선 더 크게 울어버리는 바람에 엄청난 민폐였어요. 오죽하면 옆에 있던 분께서 당황하신 모양인지 영수증이라도 건네신 거 있지요 (웃음).

게다가 집으로 돌아오는 길엔 넘어진 탓에 무릎도 까진 거예요. 당신이 그렇게나 조심하라고 신신당부했었는데 말이에요. 내가 걸을 때마다 조금이라도 들뜬듯싶으면 팔짱을 끼거나 잡아주고 그랬잖아요. 막상 또 혼자 있을 때 넘어지니 그 생각이 더욱 질더라고요. 만약 당신이 곁에 있었더라면 이렇게 되지 않았을 텐데, 이런 식의 지질한 생각이요.

저만치서 당신이 걸어와 못 말린다며 옷에 묻은 먼지를 툭툭 털어줄 것도 같았지요. 왠지 당신은 벌써 내가 모르는 얼굴을 하고 있을 듯하기도 했지만요. 그럼에도 나타나주기를, 영화 속 주인공인 양 등장해 주기를, 내심 속으로 외웠어요.

보고 싶어서요.

내가 당신을 놓친 건가. 그래서는 안되었던 건가. 살아오며 빈번히 놓아야 할 것과 놓지 말아야 할 것들을 분간해 내지 못해 괴로웠는데. 이번에도 잘못된 선택이었나. 하루에도 수억 번 머릿속이 엎치락뒤치락해요. 정작 괜찮을 거라고 한 사람은 나였잖아요. 온통 모순으로 가득 찼어요.

**어떻게 헤어지냐고 하던 우리가,
어떻게 또 헤어졌네요**

」」」

《《《

⚜

 그 당시, 난 당신한테 할 수 있는 고백 중에서 최고의 고백을 했다고 자부해요. 그 뒤로는 운이 좋아, 우리가 할 수 있는 가장 으뜸의 사랑을 했지요. 그리고 말이에요. 이별도, 있지요. 우리가 할 수 있던 이별 중 제일 최선이었다고 생각해요.

 서로의 마음이 식었든 간에 뭐든 간에. 어떠한 이유도 결국엔 '마음이 그 정도까지는 아니었던 거지'라는 문장으로 귀결되든 간에. 각자 함께 하는 동안만큼은 열과 성을 다했잖아요. 누구보다 허투루 사랑하지 않은 당신이란 걸 알아요. 문득 그렇기 때문에 불현듯 떠오를 수가 있는 노릇이겠지만요.

그해 당신의 세상엔 나밖에 없었어요. 어떻게 그럴 수가 있었나요? 생각해 보니 '어떻게 헤어져?' 하던 우리가 서로의 손을 놓아버렸네요. 참 모든 게 어떻게, 어떻게… 어떻게 벌어지기도 하네요. 손톱을 깎다가 한참 넋 놓곤 해요. 남몰래 당신과의 지난 일들을 회상하느라 눈물 훔치기도 하고요.

희한한 건 세상이 끝나지 않았어요. 난 당신과 헤어지면 대단히 큰일이라도 벌어질 줄 알았거든요. 다행이라고 말해야 할까요. 똑같아요. 보통의 하루를 지내요. 조금 심심할 뿐이죠. 연락을 해볼까 고민도 했어요. 핸드폰을 온종일 괴롭혔었죠.

여행이라도 갈 걸 그랬어요. 국내 여행조차도 바쁘고 피로하단 핑계로 얼버무렸는데요. 한 겹 더 다정하고 세심하지 못했던 날들이 후회돼요.

어디서 봤는데요. 여전히 어디서 보고 듣는 게 굉장히 많죠(웃음). 섬세함이 비슷한 정도의 사람들끼리 연애를 해야 한대요. 그럼에도 불구하고, 지구에서 단 하나뿐이었던 사랑을 제쳐두고서, 우리가 헤어진 이유는 이것 때문일까요? 갈수록 어느 한쪽은 너무 무디고 어느 한쪽은 너무 여린 탓이었을까요?

미련이 남은 건 아녜요.
길어진 속눈썹처럼 무심결에 찔리는
당신이 있을 뿐이에요.
몇 번 눈 비비면 괜찮아져요.

그토록 좋아하던 당신이었는데
왜 이별했을까요

⟩⟩⟩

⟨⟨⟨

✤

 '저 사람은 어떤 사람을 좋아할까' 혹은 '저런 사람 곁엔 어떤 사람이 어울릴까' 걸맞은 인물이 되고 싶었어요. 당신의 이상형을 알고 싶었고요. 분명 눈이 높을 것 같은데. 따지는 게 많을 것도 같은데. 깐깐한 사람이려나. 나는 어떤가. 어떠려나. 당신 옆에 나란히 선다면 그림체가 영 딴판이려나. 누가 우리를 좀 엮어줬으면 좋겠다고 수없이 쫑알댔어요. 지나치던 고양이에게 내 마음 가져다줘라, 중얼거렸고요. 날아가던 참새한테 사랑의 타이밍을 만들어달라며 애원했어요. 항상 고백할 찰나를 노리며

품 안엔 어젯밤 새로 쓴 쪽지를 넣어뒀어요.

혹여나 같은 색상의 옷이라도 입고 온 날엔 그토록 설렐 수가 없었지요. 당신을 좋아하지 않는 법이란 건 어려웠으나 당신을 좋아하는 법이란 이 지구상에서 가장 쉬운 문제였거든요. 머리부터 발끝까지 좋아했습니다. 나의 청춘이었고요. 나의 짤막한 단막극에 주인공이었어요. 사람이 사람을 너무 좋아할 시엔 얼마나 구질구질해지는지 몸소 체험하게 되었지요.

나는 내가 잘됐으면 했거든요. 부와 명예, 이런 걸 바랐다기보다는 당신 귀에 내 얘기가 잘 들렸으면 해서요. 될 수 있는 대로 당신 주변을 오래도록 서성이고 싶었으니까요. 내 소식을 듣고서 당신이 나를 계속 궁금해하거나 구태여 알려 하지 않아도 알게 되기를 원했어요. 바짓가랑이라도 잡고픈 심정. 사춘기 시절에도 이리 방향을 잃은 기분이진 않았어요.

SNS에서 그러던데요. 사람을 망가뜨리는 방법은 그 사람의 전부가 되었다가 사라지는 것이라고 했던 것 같아요. 당신을 사랑했던 내 모습, 참 좋아했지요. 단 한 순간도 대충 좋아한 적 없으니까요. 오히려 그랬기 때문에 힘들었다고 할 수 있어요. 당신을 무척이나 좋아했고요. 비록 우린 남이 되었지만 난 아직도 우리가 서로의 진심을 고백하던 장면을 잊지 못해요.

해가 길어졌고요. 잠만 자고 싶어요. 그 안에선 우리가 여전히 행복하거든요. 젖은 눈꺼풀을 비비며 깨어나야 하느니, 차라리 깨어나지 않는 편이 낫겠어요. 전부였던 하루하루가 허물어져 갑니다.

당신이 내린 버스에서 미동 없이 머물러있어요. 텅 빈 옆자리, 말 걸어도 답이 없어요. 나는 도무지 벨을 누를 자신이 없어요.

나는 당신의 인생에 우산이었을까,
혹 아님 한창인 장맛비였을까요.

만일 내가 아플 경우
병문안 와주려나요

〉〉〉

〈〈〈

⁂

 도대체 그때 무슨 말을 했어야 이별하지 않고 무사히 하루를 넘길 수 있었을까요? 돌아서는 당신의 뒷모습이 담담해 보였다는 건 이미 모든 걸 체념한 지 꽤 오래전이었다는 증명이 될까요? 당신에게 가서 얘기했어야 했어요. 난 당신을 진짜 좋아한다고. 더는 오해가 커지지 않도록 행동으로 보여야 했어요. 하지만 나조차 손가락 하나 까딱할 수 없을 지경으로 멍청히 서 있었던 것은 우리가 이렇게 될 거란 걸 진작 눈치채고 있었기 때문이려나요.

우리가 함께했던 시간들을 단 한 번도 후회한 적 없으나, 헤어져야 했던 그날은 문득 되돌리고 싶고 그래요. 내가 잘했더라면 당일에 가려던 가게로 같이 향했을 테지요. 별문제 없이 서로의 취향에 맞는 음식 메뉴를 고르고 사이좋게 나눠 먹기까지 했을 테지요. 그러고는 카페에 가서 사진도 찍었을 거예요. 난 여전히 그날 우리의 계획이 머릿속에 생생해요. 어떤 음식점을 가려고 했었는지. 어떤 카페에 가기로 했었는지. 더군다나 일주일 전부터 기대를 한껏 했던 당신이었어요.

　내가 사는 게 버거워 당신을 뒷전으로 미뤘나 봐요. 미안해요. 그러려고 그랬던 것은 아녔는데요. 괜히 짜증 부리고 성질내는 일이 잦았던 듯해요.

　어느 날은요. 내가 아주 많이 아파 입원을 할 경우 당신이 병문안 와주지 않을까 상상해요. 그렇게라도 보고 싶을 때가 있어요. 미성숙한 생각이란 거 알지만요.

당신은 뭐 하고 있나요. 나를 미워하고 있나요. 아니면 그럴 틈 사이도 없이 벌써 다 잊은 후인가요.

**연락을 하지 않아도 보고 싶어,
하고 있어요**

>>>

<<<

 허무하진 않았어요. 그다지 기분 나쁜 이별이 아니었으니까요. 우리가 사랑한 시간은 사라지지 않고 남아있을 듯했어요. 전해주고자 한 편지가 있었으나 서랍에 넣어두고서 관뒀어요. 편지를 꽤나 길게 썼거든요. 한 글자 한 글자 정성을 담아내느라 여간 애를 먹은 게 아녔거든요. 근데 전해주지 않았다니. 나도 이럴 땐 날 참 모르겠어요.

 곧 서른인데 아직도 신발 끈을 못 묶어요. 걸려서 넘어질 뻔한 적이 수두룩해요. 아마 한 달에 열 손가락 다 접고도 모자랄걸요. 때마다 당신이 쭈그려 앉아 대신 묶어주던 모습이 선해요. 친구가 전에 그랬어요. 신발 끈이 풀리는 건, 누가 나를 생각하고 있어서라고. 난 여전히 신발 끈이 여러 번 풀리고 제아무리 리본을 만들어보아도 금방 도로 풀리는데요. 방금의 팽팽함이 속임수였다는 듯 말이죠.

친구의 말도 말이지만. 그러니까 누가 나를 생각한다는 거요. 그보다 당신이 무릎을 굽히던 순간이 또렷해요. 동그란 머리통과 정수리. 어쩌면 거짓말인 것도 같아요. 친구가 거짓 정보를 흘린듯하다고요. 왜냐, 당신이 나를 생각하고 있는 거라면 분명 이다지도 먹먹할 리 없을 거거든요.

여름이 오면 우리 손에 땀이 흥건함에도 맞잡고 온 거리를 쏘다녔는데. 나는 내가 태어난 계절인 여름이 무진장 싫었지만 당신을 사랑한 계절이 여름이었단 이유 하나만으로 조금은 너그러워지기도 했지요. 다시 초여름이 오고 있고요. 올여름은 길게 이어진다고 해요.

연락을 하지 않는다고 해서 결코 그리워하지 않는 게 아니거든요. 보고 싶어 해요. 종일 생각해요. 다시 여름이 오면 우리 손잡을 수 있을까요?

이 말도 전하지 못하겠지요.

사랑이 서로에게 벌이었을까, 겁나요

〉〉〉

〈〈〈

 당신은 나를 사랑한다고 했지만 당신이 싫어하는 걸 하진 않았어요. 미안하지 않은 건 미안하지 않았고. 나의 감정을 세세하게 궁금해한 적이 없어요. 내가 울면 마음 아파하며 어쩔 줄 몰라 한 적도 없었지요. 난 강해져야 했어요. 당신을 사랑하기 위해서요. 오해하지 않으려 노력해야 했고요. 가까스로 무던해져야 했어요. 하지만 그럼에도 불구하고 난 당신이 오래도록 내 곁에 남아 그렇게 해주기를 내심 바란 거 같아요. 멋대로 상처 될만한 말을 틱틱 내뱉고 본인이 싫은 건 죽어도 싫다며 한껏 인상을 찌푸려주기를 원했어요.

 과거가 된 마당에 못할 얘기가 뭐 있겠어요. 곰곰이 되짚어 보아요. 우리란 이름 안에 사랑이 과연 얼마나 존재했으려나요. 물론 난 여전히 사랑을 몰라요. 근데도 당신을 보면 '이게 사랑이구나' 했다니까요. 다 부질없었으나 당시엔 모든 걸 감수할 수 있는 게 사랑이겠거니, 했답니다. 난 이 나이쯤 되면 사랑을 명확히 알 수 있을 줄 알았어요. 그래야만 한다고 생각했고 반드시 그럴듯하다고 자부했거든요.

 그렇지만 여태 모르겠다면, 그냥 사랑 같은 건 없는 거 아닐까요? 추상적인 사랑한다만 있지 언제나 명확하지 않잖아요. 내가 당신을 사랑한다 해서 보낸 마음과 행동이 정반대의 의미로 와닿을 수도 있는 노릇이고요. 혹은 아예 간지럽히기조차 못할 수도 있잖아요. 게다가 나는 적당히 전했다고 뿌듯해했던 사랑이 누군가에게는 과하고 부담이었을 수도 있고요. 혹여나 내 사랑이 당신에게 벌이었을까, 겁나요.

나만 힘든 게 아녔을 수도 있지요. 당신도 마찬가지였을 수도 있어요. 어떻게 보면 나도 당신을 있는 그대로 사랑할 수 없었던 것 아닌가 싶어서요. 있는 그대로의 당신을 만족했다면 상처받을 일도, 홀로 울며 힘들어했을 일도 없었을 거잖아요. 이런 식으로 어떤 날은 당신이 미웠다가, 또 어떤 날은 내가 미웠다가 변덕을 부려요. 어찌 되었든 간에 우리는 남이 되었다는 것이 결말인데 말이에요.

쉼표가 아닌 마침표가 찍힌 관계라는 사실을 완전히 부정하는 건 아녜요. 납득이 되지 않는 면도 없어요. 다만, 남들이 우리 헤어졌냐고 물으면 고개를 끄덕거리고 싶지 않아 망설여요.

우리가 진짜 결혼할 줄 알았던 시간들, 있잖아요

>>>

<<<

그때 우리가 얼마를 가지고 있었어야 결혼할 수 있었을까요? 당신이랑 살려면 도대체 얼마가 필요했으려나요. 생각해 보니 돈이 문제가 아녔을 수도 있어요. 우리가 결혼에 골인하기까지 어떠한 노력을 더 해야 했을까요? 당신과 결혼할 줄 알았던 날들이 미련하진 않아요. 결혼이 쉽다는 것도 이상하긴 하고요. 어려워서 우리가 그 지점에서 끝났나 봐요. 영원을 말했더라지만 정말이지 영원을 약속하기엔 무리가 있었던 모양이에요.

당신이 다른 사람을 만나 결혼을 하고 당신을 쏙 빼닮은 아이를 낳아 살 것을 상상하면 벌써부터 질투가 나는 바람에 잠을 설치곤 해요. 배가 아프다거나 하는 건 아니고요. 그냥, 나와 못 이룬 꿈을 다른 이와 해내는 걸 멀쩡히 두 눈 뜨고 지켜보기엔 가슴이 저릿하다고 해야 할까요? 완전히 마지막인 거잖아요. 이번 생엔 다시 안 올 사람이잖아요. 행복을 빌다가도 말 듯 해요. 축하를 하다가도 신경질적으로 돌변하여 연신 방 안에 죄 없는 베개를 내려칠 것도 같아요.

우스갯소리로, 결혼식에 가서라도 난장판을 만들고픈 심정이 들 수도 있어요. 날 떠나서 행복한 당신이라니. 더 환히 웃고 있는 당신이라니. 어쩌면 각자 맞는 자리를 찾은 덕에 비로소 밝아질 수 있는 거겠다만요.

솔직히 우린 가까운데 왠지 어색했어요. 잘 맞는 듯 맞지 않았고요. 당신과의 미래는 불확실했고요.

어젯밤 꾸다 말아버린 꿈인 양 흐릿했어요. 선잠 같은 사이였어요. 한데 이 모든 걸 확실히 그려줄 당신의 새로운 사람이란, 대체 어떤 인물일지. 궁금하긴 하겠어요.

　나는 참, 잡을 용기도 없는 주제에 말은 잘하죠?

실수인 척,
전화를 걸면 안 되는 거겠죠?

>>>

<<<

✣

 어차피 이렇게 될 거였는데 진작에 헤어졌어야 했대요. 이런 말을 들을 적이면 시큰둥한 표정으로 밥이나 열심히 먹어요. 난 우리가 옳은 이별이었다고 생각하거든요. 한데 그걸 다른 이들의 입을 통해 들을 경우, 정말 그런 거였다고 확인 사살 받는 것 같다고나 할까요? 그래서 그다지 기분이 좋지 않아요.

 물론 어처구니없지요. 말 같지도 않아요. 왜냐, 이런 점이 마음에 들지 않을 거였더라면 애당초 당신에 대한 장점만 떠들고 다녔어야 했던 게 맞으니까요. 솔직히 지금의 난 괜한 심술에 가까워요. 턱을 괸 손마저 저릿해지고요. 몇천만 원을 홀라당 날려버린 사람의 얼굴 같아요. 허무해요. 더불어 왜 이리 짜증이 나는지 모르겠어요. 사방에서 사사건건 시비를 걸어오는 듯하여 조용하고 싶어요. 벌써 미화된 추억들로 인해 머릿속이 산만한 까닭인 것도 같아요.

이젠 울고픈데 눈물도 안 나와요. 이별 후 몇 날 며칠 수도꼭지를 틀어놓은 채 얼마나 울었는지, 그때 내 눈물 다 썼나 봐요. 앞으로는 울 일이 없더라면 좋으련만. 그건 또 아닐 테지요.

실수인 척 전화를 걸면 안 되는 거겠죠. 우연인 척 마주치면 절대 안 되는 거잖아요. 당시 고민이던 일들이 전부 해결되었나요. 당신 가족들의 안부까지 묻고자 한다면 정말 주제넘은 짓이 될 테지요.

기억은 왜 아무리 떠올려보아도 전부 소진되지

않는 걸까요. 오히려 없던 장면들마저 스스로 만들어내고 있는듯해요. 이게 진짜 있던 일이었나. 그게 아니라면 내가 수시로 생각하느라 덧붙여 지어낸 추억인 건가.

닮은 사람들끼리는 운명이라고 했잖아요.

다 부질없는 소리.

누가 그런 말을 한 거냐고 대들고 싶어요.

우리가 틀렸던 거면서 말이에요.

물론 예나 지금이나 당신한테는 중요하지 않을 거예요.
내가 어떠한 마음으로 얼마나 깊이 당신을 좋아했는지,
말이에요.

카페 홍제멘션 에스프레소 바 @ hongje_espressobar

**난 여태 느리게
헤어지는 중이에요**

"

"

　우리가 헤어졌다는 건 매우 가슴 아픈 일이에요. 누구를 탓할 겨를도 없을 테지요. 사랑 앞에선 속수무책이었으나 이별 안에선 구구절절 이유를 만들어 구질구질해질 뿐이에요. 바짓가랑이라도 붙잡고 싶었던 심정을 무어라 더 멋지게 구사할 수 있겠어요. 어떻게 사랑함에도 남이 될 수 있는지, 사람 마음이란 게 참 뭐라 딱 정의 내릴 수 없네요.

　뭐가 되든 함께 하자 할 걸 그랬나요. 뭐든 되어주겠다며 매달려봐야 했나요. 오늘이 지나도 보고

파할 것이 뻔해 도무지 놓아줄 자신이 없다고 솔직하게 얘기해야 했나요. 내가 서운했던 점들을 그때그때 말하고 내가 미안한 일들을 그때그때 사과했더라면 좀 달랐을까요. 당신이 싫어할 만한 짓을 아예 안 했더라면 더 오래 예쁨 받을 수 있었을까요. 아니면 어떠한 짓을 하든 간에 우리는 결국 이렇게 될 운명이었나요.

시작할 땐 이 시작이 영원을 데려다줄 운명이라 착각했고 헤어지니 이게 우리였겠거니 싶네요. 기꺼이 모든 걸 감수하고팠던 사람이란 걸 이제 와 떠들어도 소용없겠죠.

**우리가 이렇게 될 것을
미리 알았을까요?**

　이런 질문을 한참 뒤늦은 후에야 한다는 것이 어쩌면 우습고 구차하게 여겨질지도 모르겠어요. 하지만 굳이 뻔뻔히 묻자면요. 우리가 이렇게 될 거라는 것을 애초에 알았을까요? 다 알고서 시작한 사랑이었기에 그리 견디기 버거운 통증도 태연한 척할 수 있었던 걸까요. 이 모든 상황과 사사로운 감정들을 단순히 '사랑이었다'라는 이유만으로 보고 듣고 설명하기 좋도록 포장하고 싶진 않아요.

　우린 좋을 때만 사랑이려 했던 건가요. 처음엔 서

로를 잘 몰랐던 터라 잠깐이라도 떨어지면 큰일 날 듯 굴었던 건가요. 너무 많은 걸 알아버린 양 굳어버린 눈빛 속에서, 난 할 말을 잃었고 당신도 오랜 침묵을 유지했더라지요. 사실상 우리는 정반대 성향임이 틀림없었는데요. 그럼에도 끌렸던 데에는 어떠한 까닭을 붙여야 맥락상 어울릴까요? 분명 서로한테 상처 주고자 작정한 건 아녔을 거예요. 다만 살아온 날들이 달라 비수가 되었을 테지요.

난 아직도 무심코 옛일을 생각해요. 소나기인 줄 알았던 그리움이 기나긴 기간 장마처럼 지속된답니다. 하루 기분은 마음이 정하는 짓이기 때문에 일기예보는 쓸데없지요. 여름엔 여름이라고 여름비가 되어 내렸고요. 가을과 겨울도 계절을 핑계 대는 건 매한가지였으며, 이젠 하다못해 봄비라고 서럽게 쏟아져 내려요. 이토록 사계절 내내 빗물로 가득하면 우스갯소리로 잠겨 죽을 수도 있을 텐데요. 때마침 유명 시의 한 구절이 떠오르네요. '잠겨 죽어도 좋으니 너는 물처럼 내게 밀려오라'

당신한테 잠겨 죽는다 한들 한사코 억울하지 않을 과거에 살아요. 당신의 일상은 이러한 나와는 무관하게 아주 잘 돌아가고 있을 테지요.

**진짜 잘 헤어졌어요,
그렇죠?**

〉〉〉

〈〈〈

✢

    예를 들어 불쾌한 꿈을 내리 꾸고 난 후 있잖아요. 암만 약을 먹는다 한들 좀처럼 몸 상태가 호전되지 않는 날에는 말이에요. 어김없이 당신이 주었던 사랑에 침잠하게 되는 거예요. 당신은 단 한 번도 나를 혼자 둔 적이 없었어요. 아무리 다투고 언성을 높였다 한들 곧장 풀기 위해 노력하곤 했죠. 게다가 일말의 오해도 생기지 않도록 세세하게 본인이 느낀 감정을 말해주곤 했어요. 현재 본인의 상태와 고민거리들도 빠지지 않았지요. 덕분에 나도 덩달아 그럴 수 있었던 것 같네요.

난 아직도 당신의 그런 면은 내게 참 잘 맞는 사람이었다고 생각해요. 어딜 가도 이제 당신 같은 인물은 없을 거예요. 기대도 하지 않아요. 누군가를 기대하는 일은 실망을 기다리는 일과도 같잖아요. 당신 역시 나와 맞는 점들이 다분했으나 결국엔 안녕을 말하게 된 것과 비슷하게요.

한데 난 우리가 이렇게 될 거란 걸 애당초 알았어요. 분명히 알고 있었으나 기를 쓰고서 모른체 하고자 했을 수도 있어요. 당신과 함께 있으면 자꾸 슬펐거든요. 즐거움과 동반되는 슬픔을 무시하기엔 꽤나 그 강도가 컸거든요. 왠지 현재 우리의 모습이 과거가 될 거란 느낌 있잖아요. 훗날 내가 지금 이 순간을 미친 듯이 그리워하게 될 거란 예감 있잖아요.

오늘날의 난 누구에게도 짐이 되고 싶지 않아요. 내 사랑이 다른 누구한테 부담이 될 듯하여 주저하게 되어요. 망설이게 되고요. 난 당시 어떠한 불행도 감수할 수 있을 거라 확신했거든요. 당신을 가질 수만 있다면 말이에요. 그런데 이제 와 되돌아보니 난 정말 당신을 위해 모든 걸 버릴 수 있었나, 싶어요. 당신도 마찬가지예요.

내가 정말 좋았다지만 과연 영원을 약속할 의지가 넘쳤었나, 해요. 모쪼록 사랑엔 답이 없고 말없이 이별했으니 오죽하겠냐고 되묻는 아홉 시입니다.

힘들었어요. 기대어 울 곳이 필요했고요. 무슨 상황 때문이 아니라요. 그냥 그동안 쌓여왔던 감정들이 제 무게를 감당할 수 없을 때 한 번씩 터져 나오는 울음 같은 거 있잖아요.

뭐 하고 있나요. 당신의 일상을 짐작해 봅니다.

결국엔 만나게 될
운명이라면 좋겠어요

 가끔은 당신이 내게 주었던 헌신적인 사랑들을 골똘히 되짚어 보게 되어요. 당신이 날 위해 굳이 애써 가며 쏟아주었던 갖은 정성을 그리워해요. 어찌하여 그토록 선뜻 희생적일 수 있었을까요. 정말로 나를 사랑했기에 가능했던 걸까요. 당시엔 당신의 그런 마음을 헤아릴 수 없어 삐걱거릴 수밖에 없었어요. 당신이 주는 애정을 의심하고 무언가를 더 갈구하며 바라기에 바빴어요. 그래서는 안되었던 것인데.

이제 와 생각해 보면 난 진짜 내 생각만 했던 듯해요. 당신이 나한테 더는 힘이 되지 않는다고 했지만 사실 나 역시도 그랬던 것일까요. 먼저 전화를 더 걸어볼걸. 앞장서 당신의 손을 잡고 나아가 볼걸. 당신이 꿈꾸던 이상을 실현시켜줄걸. 팔짱을 끼고 포옹을 하며 온갖 애교 섞인 장난과 표현을 아끼지 않을 걸 그랬나 봐요.

 당신은 당신 닮은 사람을 만나 꼭 들어맞는 예쁜 연애를 하고 있으려나요. 당신의 애정을 받고 있을 상대가 부러워지기도 하며, 우리가 언젠간 돌고 돌아 결국에 만날 운명이라면 좋겠군요. 그땐 우리 절대 서로를 놓치지 말아요.

 그렇게 입이 닳도록 말하던 결혼을 해요.

눈 감으면 다시 옆에 와
앉을 것 같아요

〉〉〉

〈〈〈

　여태 꾸준히 편지를 적어요. 부치지 못하여 휴지통으로 냅다 골인하는 한낱 글자에 불과해질 수도 있겠다만, 계속해서 적어 내리고 있어요. 어수선한 마음과 달리 신기하리만치 카페 안은 조용하기 짝이 없네요. 어찌 된 영문인지 모두 다 짜고 친 것처럼 말소리 하나 들리지 않아요. 간간이 책 넘기는 소리. 노트북 자판 두드리는 소리만 미세한 울림을 만들어낼 뿐이에요.

　내가 열렬히 사랑했던 당신은 지금 이 시각. 무엇

을 하며 보내고 있을까요? 우리가 서로 사랑하던 시절엔 이쯤에서야 일어나 습관처럼 커피를 내려 마시고서 책상에 앉아 음악을 틀곤 했는데요. 아직도 그러한 일상을 살고 있을지 문득 상상해 보게 되는군요.

여전히 비를 싫어하나요. 빗소리에 인상을 찌푸리게 되나요. 옷이 눅눅해지는 것은 물론, 온 바닥이 질퍽거려진다며 입술을 한껏 쭉 내밀고 있나요. 나는 당신이 비를 피할 수 있는 우산이기를 바랐어요. 때로는 그걸로도 모자란다면 잠시라도 쉬다 갈 수 있는 작은방 한 칸이라도 되기를 원했어요.

원래 헤어진 후엔 미화된 기억 속에서 흠뻑 젖어 들기도 하잖아요. 누구의 잘잘못을 따지는 것 대신 누군가와 좀 더 너그러웠더라면 싶어지잖아요. 나도 당신과 좀 더 발맞춰 걸었어야 했어요. 우리의 속도가 달랐다는 말은 어쩌면 변명밖에 되지 않으려나요. 이미 완결이 나버린 이야기를 질질 끌어가며 홀로 쓰는 뒷이야기는, 내심 심심한 면이 없잖아 있네요.

우리 함께 감던 테이프를 고스란히 서랍장 구석에 넣어 보관했어요. 꺼내어 다시금 두 눈에 담을 경우 속절없이 무너질 것이 뻔하지요. 어떤 하루엔 지극히도 울고 싶어질 때가 있잖아요. 우스갯소리이다만 울고 싶은 날엔 아주 딱이에요. 그만한 게 또 없을걸요(웃음).

당신과의 추억을 회상하며 팝콘을 입에 넣다가도 냉큼 울어버리는 일. 우습고 유치하지만 사랑이었더라고 연신 고백하다가 축축한 베개를 끌어안은 채 잠에 드는 일. 당신이 남기고 간 습관을 복사본마냥 따라 하다가 얼떨결에 멍해지는 일. 어디 한군데 고장 난 사람처럼 삐걱거리는 일.

이 타이밍에, 질문 하나 해도 되려나요. 있잖아요. 익숙한 일마저 어려워지는 순간에 불현듯 당신 얼굴이 떠올라 물살처럼 울어버린다는 건, 멀쩡한 게 아니지요? 다 잊었다고 생각했는데 아니었어요. 회피였지요. 단 한 순간도 제대로 지워본 적 없어요.

그 얼굴, 변함없이 선명해요.

유명한 시인들처럼 다정하고 따뜻한
사랑을 보내고 싶었는데요.
잘 되지를 않았어요.
매사 조바심 내고 무언가에
쫓기는 사람 마냥 도망치다가
이내 사랑을 갈구하고 있기를
수없이 반복했지요.

슬퍼할 당신을 걱정하다가
이별을 미뤘어요

》》

《《

🌱

 마침내 당신을 놓았을 때 후련할 거란 기대는 없었어요. 오히려 무진장 불편할듯했어요. 걱정이 되었거든요. 보기와는 달리 정도 많고요. 속이 여린 사람이라서요. 나야 바삐 살면 그만이었지요. 이별에 익숙하기도 했고요. 친구들을 만나 꼬장 부리다 보면 나아질 거였어요. 하루를 부산스럽게 보내다가 쓰러져 누운 침대 위에서 몇 달 눈물 한바탕 흘리면 자연스레 잊힐 거였어요.

 한데 당신은 말할 구석도 없었잖아요. 홀로 감당

하느라 세상과 담쌓고 아파할 것이 훤했잖아요. 작은 스트레스에도 쉬이 잠 못 들고 숨이 막혀 깨어나는 당신인데 말이에요. 내가 그런 당신을 향해 어떻게 등 돌려요. 매몰차게 손을 놓고서 헤어지자 말해요.

당신의 구원이고자 한 적은 없으나 적어도 슬픔은 되고 싶지 않았어요. 이미 한참 지난 일들이다만… 꽤 흔하지 않은 진심이었지요.

사실 내가 배 아파 드러눕던 날, 매실차를 타와 건네던 세심함을 그리워해요. 남들은 모르는, 나만 알고 있는 그러한 면들을요. 솔직히 후회한다고는 안 하거든요. 그냥 자꾸 기억이 나요.

원래 남이었으니,
제자리로 돌아간 것뿐이죄

》》》

《《《

　참 희한해요. 당신은 없는데 세상은 잘 굴러가요. 똑같이 밥을 먹고요. 헐레벌떡 출근 버스를 타려고 뛰쳐나가요. 평소 사람들과 어울리며 잘 웃고 떠들고요. 일을 하다가는 늘어지도록 하품을 하고 찌뿌둥한 몸을 이리저리 움직여요. 게다가 간혹 유머러스한 사람이라는 칭찬도 받습니다. 본래도 나, 누군가를 웃게 하는 일에 진심이었잖아요. 못생겼다는 소리보다 재미없단 소리가 더 싫다 할 정도로요. 이런 말을 하면 당신이 장난스레 내 볼을 쭈욱 옆으로 잡아당기곤 했었는데.

여하튼 간에 보통의 날들을 살아요. 더 이상 새벽에 뒤척이지 않고. 끼니를 거르지도 않아요. 청승맞게 노래방에서 노래를 부르며 엉엉 울지도 않고요. 대체 이전엔 왜 그랬나, 멋쩍어지는 바람에 뒤통수를 쓱쓱 문질러요.

당신은 어떻게 지내느냐고 묻지 않을게요. 궁금해하는 짓조차 하지 않을게요. 내가 당신에게 새로운 상처가 되었으면 어쩌나, 고의는 아녔다고 주저리주저리 설명하지도 않을게요. 꽤나 변명스럽다고 여길 수도 있는 노릇이잖아요. 절대 그런 건 아녔는데 말이에요.

당신 마음에 들고 싶어서 내가 얼마나 노력했는지, 구구절절 늘여놓자면 너무 치사하기 짝이 없지요. 영상으로 찍어둘 걸 그랬어요. 당신을 세상 그 누구보다도 사랑하고 있는 나의 모습들을요. 증명할 수 있잖아요. 만일 그랬더라면 내 사랑이 조금은 덜 억울해졌을 수도 있겠네요.

아무도 오지 않는 텅 빈 공원 벤치에 앉아 지난 추억을 회상해요. 이토록 선명한 순간들이 전부 옛일이라니 믿기지 않아요. 다신 돌아갈 수 없는 시절이라는 게. 당신과 내가 같은 하늘 아래 숨 쉬고 있음에도 불구하고 두 번 다시는 마주칠 수 없다는 것이. 아니 설령 우연히 만난다고 한들 모르는 사이 마냥 스쳐 지나가야 한다는 것이.

이 세상에서 가장 가까웠고 나의 일거수일투족을 재잘거렸던 사람이, 이젠 뭐 하고 있는지 알 수 없네요. 우린 한때 열렬했고 당연했으며, 그렇게 남이 되었습니다.

결국엔 뭐가 그다지도 미웠나요. 무엇이 우리를 갈라지도록 만들었나요.

기억도 나지 않아요.

진심으로
투명하게 좋아했는데

》》》

《《《

사람의 감정에도 유통기한이 있는 것인지 궁금해졌다. 시리얼을 담은 그릇을 빤히 바라보며 맥없는 손짓으로 숟가락을 빙글빙글 돌렸다. 기억들도 적정 기간이 지나면 잊히는 때가 잊는 걸까. 평생 잊지 못할 추억이나 나도 모르게 웅어리진 말들, 이따금 트라우마로 남아 괴롭히는 사건들도 있는 마당에 사랑도 그럴 수 있는 거 아닌가.

시간이 약이라고들 한다. 그 말마따나 효과가 있던 적도 아예 없진 않았다. 솔직히 옛 연인들도 절대 잊지 못할 거라 호언장담했으나, 세월이 흐름과 동시에 자연스레 희미해졌다. 완벽히 지워지는 사랑은 없다 한들 전부 흐릿해져 '이때 이랬나?' 싶을 정도로 긴가민가해졌다.

그리고 이번에도 역시나 그렇게 되지 않으려나. 나름 호기롭게 말했다. 다 괜찮을 거라고, 나 없이도. 그 말을 내가 지키지 못하는 중 아닌가. 꼭 그러고 싶어서 했던 말 같다. 한껏 불안해하는 당신의 눈동자 앞에서 나 또한 무너지지 않기 위해 노력했던 것 같다.

솔직히 나야말로 정말이지 괜찮고 싶었다. 당신이 빠져나간 세상이 허물어지지 않기를 원했다. 더 이상 뭐든 연연하지 않으려고. 무엇도 잃지 않고 지켜야 할 것들을 직시하며 살겠다고 다짐한 게 바로 엊그제 일처럼 여겨지는데. 벌써부터 이럴 수가 있나. 얼마나 더 당해봐야 정신을 차릴 수가 있으려나, 골몰했다.

물론 당신은 어떤 이들과 동일하지 않을 거였다. 나를 배신하지 않을 거였다. 믿어도 될 거라고 믿고 싶었다. 내가 당신을 실망시킬 일 없고 당신 역시 나를 무너지게 하지 않을 거라고. 다른 이들과는 진짜 다른 인간이라고. 무한한 신뢰를 하고 싶었다. 전부 다 꿈인 양, 나쁜 꿈을 꾼 것이라고. 스스로 되뇌며 최면을 거는 짓은 다신 없을 거라고. 당신을 통해 알고 싶었다.

내 선택이 틀리지 않았는지는 모르겠다. 아니 또 틀리면 어떠한가, 갈팡질팡하던 사이. 그럼에도 불구하고 너무나도 선명했던, 사랑이라는 감정 하나로 귀결되던 찰나의 모든 순간. 아름다웠다고 할 수 있는 거 아닌가.

혼자 질문하고 대답하는 시간이 하루 중 대부분이 되었다.

의자를 끌며 일어나 싱크대 안에 시리얼을 죄다

쏟아부었다. 우유와 시리얼 알갱이들이 사방으로 튀어 오른다. 울컥 울음이 차올랐다. 자리에 서서는, 한참을 진정할 수 없었다. 지울 수 있을까.

투명하게 좋아했는데.
가식 따윈 일절 허용되지 않는 마음이었는데.
보기 좋은 말과 행동으로 치장되지 않은,
오로지 순수한 사랑이었는데.

진짜였는데.

사랑은 원래
지질한 거 아닌가요

"부디 잘 지내지 마세요"라는 말은 너무 유치하기 짝이 없지요. 하지만 솔직해지자면 난 당신이 저보다 멀쩡하지 않기를 바라요. 나는 분명 백날 천날 울고불고 난리란 난리는 다 피울 예정이거든요. 청승맞게 노래방에서 이별 노래나 부르다가 울어 젖힐 것이고 안 먹던 술을 진탕 마셔 취한 채 당신 번호 누르기를 여러 번 할 거예요. 숨 쉬듯 당신 이름을 부를 테고 밥 먹듯 당신 생각을 떠나보내지 못할 거예요. 아마 당신만을 그리워하느라 다른 사랑도 하지 못해 홀로 외로이 늙어 죽을지도 모르죠.

어쩌면 다 정해진 이별 아녔냐고요. 그래서 내가 한결 수월할 거 아니냐고요. 전혀요. 다른 무언가는 죄다 시시해졌을 만큼 일상이 온통 당신 위주로 돌아갔어요. 이렇게 좋아해도 되나, 싶을 지경으로 온 신경이 당신이었어요. 당신은 어땠을지 모르겠지만 말이에요.

그러니 당신은 너무 행복하지 마요. 평소에 아주 즐겁고 신이 나는 순간이 대부분이라 한들 이따금, 아주 가끔은 내가 떠올라 하던 일을 멈추고 걷던 길을 주춤하고 그래요. 다른 이성을 만나 새로운 사랑을 시작하더라도 내 얼굴이 불현듯 겹쳐 보여 깜짝 놀라고 그러세요.

그렇게 되어야 조금은 공평한 이별 아니겠어요. 한쪽만 무너지기엔, 우리가 서로 같이 한 사랑이었잖아요.

사실 위에 한 말들은 다 거짓말이에요. 당신이 행

복하기를 소원해요. 아무렴 내가 아픈 것쯤은 괜찮아요. 다만 우리가 헤어진다면 당신이 아파할 것이 걱정이에요. 나야, 늘 그렇듯 해오던 대로 지질하게 이별을 견디고 감당하면 되는 일이거든요.

한데 당신은 간만이잖아요. 그런 당신께, 내가 또 다시 겨우 씻어내린 상처 위로 새로이 한 겹 얹어 괴롭힐 걸 상상하니 가슴이 미어지더라고요. 차마 당신을 혼자 둘 수 없겠더라고요. 나보다… 내 아픔보다는 당신이 아파할 걱정에 좀처럼 발걸음이 떨어지지 않았어요. 이토록 나는 어찌할 수 없는 것이 바로 사랑임을 확연히 깨달아요. 이도 저도, 옴짝달싹할 수 없이 당신이랍니다.

당신, 아프지 마세요. 나라는 존재는 까맣게 잊고서 행복하세요. 훗날 당신이 만날 새로운 사람은 당신을 자주 울리지 않는 사람이었으면 좋겠습니다. 사랑했고 사랑하며 사랑할게요.

**우연히 우리
농담처럼 마주치도록 해요**

》》》

《《《

　우연히. 정말 우연히. 우리 농담처럼 마주칠 날이 있을까? 어느 이름 모를 거리에서. 이를테면 이유 없는 끌림으로 인해 들어선 자그마한 소품 가게 안에서. 뻔하고 흔한 삼류 영화의 한 장면 마냥 마주치는 순간이 있을까. 황급히 맞닿은 시선을 거두고서 최대한 자연스럽게 행동할 수 있을까. 일말의 뚝딱거림도 없이. 내가 아직 당신을 기억하고 있었어, 티 한 점 내지 않은 상태로 태연할 수 있을까.

　난 가끔 당신을 운명적으로 마주치는 상상을 한

다. 우리 어떻게든 꼭 한번은 봐야 이 이야기의 결말이 완전히 맺어질 수 있을 거란 생각을 한다. 당신이 우리 이별하던 날 그랬다. '넌 나 안 보고 살 수 있어?' 나는 그때 뭐라고 대꾸했더라. 그렇게 해봐야지. 안되더라도 그렇게 할 수 있도록 해봐야지, 했던가. 그 말대로 나는 기어코 살아냈다. 어디서든, 장소 불문하고서 눈물을 훔치다가도 바쁜 일상을 보내다 보니 어느덧 지금까지 흘러와 살아졌다. 뱉은 말을 곧이곧대로 잘 지킨 셈이다.

하지만 이렇다고 해서 쉬웠단 것은 아녔다. 앞서 적은 문장만큼 울었다. 진짜 장소 불문하고서 눈물이 났다. 사람이 붐비는 지하철 안에서도. 한창 시끌벅적한 번화가에서도. 회사 화장실에서도. 친구와 들어선 카페 안에서도. 어린 애인 양 주체하지 못해 눈물이 터져 나오기 일쑤였다. 당신에게 연락하고픈 순간 또한 여러 번이었다. 셀 수 없을 지경으로 목소리를 듣고파했다. 텍스트라도 나누고파했다.

그러나 행동으로 옮기지 않았다. 참았다. 묵직한 숨을 내쉬며 핸드폰을 엎었다. 가슴이 이토록 미어질 수가 있는 거구나. 난생처음 대면하게 된 진한 이별의 아픔이었다. 이마에 팔을 얹고서 아직도 떠올린다. 우리 만약에, 가정하며 미간을 쓸어본다. 당신은 잘 지내는지 모르겠다. 잘 지냈으면 좋겠다. 한때 우리가 사랑했던 적이 있었다는 사실을 잊지 않을 정도로만. 딱 그 정도로만 행복하기를 바란다.

당신이 하는 모든 일들을 나의 꿈인 것 마냥 응원하던 시절이 있었다.

처음부터 끝까지 고백

초판 1쇄 발행 2025년 10월 17일
초판 4쇄 발행 2025년 11월 27일

글·사진	주또(이주영)
디자인	서승연
펴낸이	권용휘
펴낸곳	시선과 단상
출판등	2023년 2월 7일 제2023-000013호
이메일	oehwii@naver.com
ISBN	979-11-982108-5-2

·이 책의 판권은 지은이와 '시선과 단상'에 있습니다.
·양측의 서면 동의 없는 무단 전재 및 복제를 금합니다.
·잘못 인쇄된 책은 구매하신 서점에서 교환해드립니다.